9명의 경제학자들

그들이 말한 것과 말하지 않은 것

EBS 클래스 ⓔ 비즈니스

오늘의 경제학은 왜
경제학의 역사를
지우려고
하는가
?

9명의 경제학자들

류동민 지음

그들이 말한 것과 말하지 않은 것

EBS
BOOKS

CONTENTS

책머리에

경제학의 역사는 의외로 경제학계 내부에서의 관심과 대중
적 관심 사이에 커다란 괴리가 존재하는 영역이다. 경제학이
나 경제사상의 역사 혹은 유명한 경제학자의 생애에 관한 책
들이 아직도 계속해서 출간되는 것은 시장 논리에 비추어볼
때 독자들의 수요가 그만큼 있다는 뜻일 것이다. 그러나 경
제학계 안에서, 경제학의 역사는 비주류라고 하는 것조차 과
분할 정도로 푸대접을 받고 있다. 심지어는 웬만한 대학의
경제학과 커리큘럼에서조차 찾아보기 힘들 정도이다.

아마도 그렇게 된 가장 큰 까닭은 경제학이 엄밀한 과학
이라는, 경제학자들의 어느 정도는 착각에 기초한 자부심으
로 말미암아 과거의 틀린 이론을 공부할 여유나 필요가 없다
는 생각 때문일 듯싶다. 반면 경제 문제를 이해하고 싶지만

현대 경제학의 복잡한 언어 때문에 쉽게 접근하기 힘들다는 점, 그리고 사람에 대한 관심, 즉 무엇보다도 위대한 경제학자들의 삶 자체를 들여다보고 그 속에서 경제 원리의 발견 과정을 엿볼 수 있다는 점 등이 꾸준히 유지되는 대중적 관심을 설명해주는 듯하다.

경제학의 역사를 공부하고 가르치는 입장에서 이러한 괴리를 어떻게 극복할 것인지는 일종의 실존적 문제가 되기도 한다. 경제학자들의 삶에서 마주치는 다양한 에피소드를 중심으로 흥미 위주의 강의를 하다 보면 점점 본질에서 멀어지는 느낌이 들고, 반대로 깊이 있는 내용으로 들어가다 보면 그 이론에 함몰되면서 현대의 주류 경제학에서는 굳이 귀 기울여 들으려 하지 않는 내용을 반복적으로 탐구하는 외로움과 맞서야 한다.

그래서 필자가 고심 끝에 찾아낸 것이 재현의 경제학, 내러티브로서의 경제학이었다. 저 멀리 닿을 수 없는 곳에 있는 삶의 진실, 찾기 위해 노력했으나 끝내 찾지 못한 것, 찾아냈다고 믿었던 것 혹은 믿고 싶었던 것, 이 책에서 소개하는 아홉 명의 경제학자는 그것들을 재현하는 내러티브를 남기고자 했다. 그들의 자취를 따라가면서 지금 여기의 현실을 되돌아볼 수 있다면, 그렇게 경제학의 역사는 사회과학을 넘어 인문학이 될 수 있지 않을까?

이 책은 EBS 클래스ⓔ에서 '경제학의 역사'라는 제목으로 열두 번에 걸쳐 강의한 내용을 기초로 한 것이다. 일단 시작하면 돌이킬 수 없는 방송 일정 덕분에, 스스로 게으름을 채찍질하여 원고의 초안을 가다듬을 수 있었다. 김현우 PD를 비롯한 제작진 여러분께 이 자리를 빌려 감사드린다.

2022년 초여름

류동민

그들이
말한 것과
말하지 않은 것을
찾아서

경제학은 내러티브이다

경제 문제란 결국 우리가 먹고살면서 생겨나는, 바꿔 말하자면 먹고살기 위해 겪을 수밖에 없는 여러 가지 문제들의 총체를 가리킨다. 경제학은 바로 이러한 경제 문제들을 요령 있게 논리적으로 설명하는 이야기, 즉 내러티브narrative라고 할 수 있다. 경제학에 관해 처음 배우는 것은 아마도 중학교 사회 시간에 만나는 수요 곡선과 공급 곡선일 것이다. 가격이 오르면 사려는 사람들의 수가 줄어들고 반대로 팔려는 사람들의 수는 늘어난다는 설명과 함께, 가위의 양날처럼 그려진 두 곡선이 만나는 지점에서 가격과 거래량이 결정된다는 그래프를 배운다. 사실 수요 곡선이나 공급 곡선이 뭔지 몰라도 누구나, 심지어는 초등학생들도 하루에 몇 번은 상품 거래를 하면서 살아간다. 그러므로 경제학이 설명하려는 경제 문제는 늘 우리 눈앞에 펼쳐져 있다. 즉 우리에게 제시되고 있다는 의미에서, 영어로 말하자면 프레젠테이션^{presentation}되고 있는 셈이다. 경제학이나 경제학자가 하는 일은 그것을 다시 한번^(영어의 접두사 re가 의미하는 바) 드러내는 것, 즉 레프리젠테이션^{representation}하는 것이다. 레프리젠테이션은 보통 재현으로 번역된다.

삶에서 겪는 다양한 사건과 감정, 생각 등을 여러 가지 방식으로 재현하는 것, 어쩌면 그것이야말로 인간이 지닌 중요한 특징이라 할 수 있다. 문학이나 예술은 각자의 형식으로 재현을 추구한다. 그런데 우리가 겪은 일에서 느낀 감정이나 생각을 하나도 빠짐없이 백과사전처럼 풀어 쓴다고 해서 좋은 재현이 되는 것은 아니다. 미군 부대가 있던 동네에 가면 컬러 사진이 드물던 시절에 사진을 대신해서 군인들의 얼굴을 세밀하게 그려주던 극사실화 화가들이 아직 있다. 물론 포토샵으로 디지털 사진을 보정하듯이 약간은 과장하거나 다듬기는 했겠지만 모델의 모습을 그대로, 마치 사진처럼 재현하는 것이 그분들의 실력을 나타내는 지표가 된다. 그러나 그런 그림을 훌륭한 예술적 가치가 있다고는 평가해주지 않는다. 대상을 있는 그대로 완벽하게 재현하는 것만이 예술의 목적이나 가치는 아니기 때문이다. 사실 대상을 완벽하게 재현하고 있는가라는 관점에서만 보면, 피카소의 그림들은 극사실화보다 못하다. 하지만 피카소가 집중적으로 재현하고자 했던 포인트가 있는 것이고, 그 포인트가 색채이건 빛의 움직임이건, 그 이전의 화가들이 놓쳤던 부분을 창조적으로 드러낼 때 그것은 비로소 새로운 예술이 된다. 경제학도 마찬가지다. 우리가 매일 겪는 경제 현상을 있는 그대로 대하소설 쓰듯 몇천 페이지로 기술한다고 해서 그것이 바로 경제학이 되는 것은 아니다.

재현의 어려움

그런데 모든 재현에는 나름의 어려움이 존재한다. 극단적으로는 재현의 불가능성이라고도 표현할 수 있을 정도이다.

문학적 재현이라면 언어의 불완전성이 가장 큰 요인일 것이다. 문학은 때로는 정밀한 묘사를 통해, 때로는 은유와 상징을 통해 저 건너편에 있는 삶의 진실을 포착해내려 애쓴다. "몸속 깊은 곳에서 징징징 칼이 울었다"(김훈, 《칼의 노래》) 같은 짧은 문장, 스스로 온전히 담을 수 없음을 잘 알고 포기함으로써 역설적으로 재현을 추구하는 방식도 있다. 반면 인간의 언어로 모든 것을 남김없이 드러내 보이려는 '궁극의 재현'을 극단으로까지 밀어붙이는 프루스트의 《잃어버린 시간을 찾아서》 같은 방식도 있다. 마들렌 과자가 가져다주는 후각, 시각, 청각, 그 모든 감각을 끝까지 곤두세움으로써 과거를 불러내고 재구성하는 것, 그 최고의 경지는 처음 몇 페이지를 읽는 순간 이미 눈앞에 펼쳐진다.*

경제학적 재현에도 언어의 불완전성 문제는 존재하지만 경제학에는 그 너머의 무엇인가가 있다. 김훈의 재현과 프루스트의 재현 중에서 어느 것이 더 뛰어난 문학적 성취를 이룬 것인지를 비교할 수 있을지는 모르겠다. 그러나 어느 재현 방식이 내게 더 이익이 되는가라는 물음은 성립하지 않는다. 반면 경제학은 특정한 재현이 다른 재현에 비해 내게 이익이나 손실을 가져다주는 경우가 대부분이다.

경제학은 물질적인 삶, 즉 먹고사는 문제에 관한 학문이다. 그러다 보니 얽혀 있는 사람들마다 이해관계가 서로 다를 수밖에 없다. 돈을 많이 빌린 사람은 이자율 인상에 반대

---

* '류동민의 내 인생의 책' ⑤ 잃어버린 시간을 찾아서 1: 《경향신문》 인터넷판 2017년 5월 4일자.

하겠지만, 금융 자산을 많이 가진 사람은 이자율이 오를수록 즐거워할 것이다. 코로나 감염병 사태가 전 세계를 강타해도 모든 사람, 모든 계층이 다 경제적으로 어려워지는 것은 아니다. 유행어가 되어버린 'K자형 경기 침체'라는 말처럼, 경제 사정이 좋아지는 사람이나 기업, 산업은 더 좋아지고 반대로 나빠지는 곳은 더욱더 나빠진다. 흔히 경제 상황이 나빠질 때면 "경제를 살리자"라는 구호를 언론이나 정치권에서 많이들 내세운다. 그러나 사실 경제라는 것은 단일하고 동질적인 실체가 아니다. 대기업도 있고 중소기업도 있고 영세 자영업도 있고, 전문직 종사자, 노동자, 농민 등 다양한 계층의 사람들도 있는 것이다. 아주 예외적인 시기, 예컨대 한국의 1960~1970년대처럼 1년에 10퍼센트 이상씩 빠른 속도로 오랫동안 성장하는 시기가 아니라면, 모든 계층의 사람들이 골고루 경제적 형편이 좋아지는 경우는 거의 없다. 그런 시기에조차도 모든 계층이 똑같은 비율로 성장하지는 않기 때문에 불평등이라는 문제가 생겨난다. 요컨대 경제를 살리자 같은 표현은 모호한 슬로건에 지나지 않고, 경우에 따라서는 누군가의 희생을 은폐하는 역할도 한다. 결국 경제 현상을 재현하는 과정에서 어쩔 수 없이 특정 그룹의 입장을 표명하거나 옹호하는 현상이 나타나는데, 이를 당파성partiality이라 부른다. 매일 접하는 언론 보도 중에도 유심히 살펴보면 특정 그룹의 입장을 대변하는 경우가 많다. 재벌 기업들이 자금을 대는 신문사에서 법인세 인상을 반대한다거나, 건설 사주가 오너인 언론사가 은근히 부동산 투기를 조장하는 보도를 내보내는 경우는 흔하다. 물론 논리는 매우 공익적이고 중립적인 듯한 외양을 취하지만 그 속내는 특정한 이해관계를 대변하는 것이다. 조앤 로빈슨이라는 유명한 경제학자가 "경제학을 배우는 유일한 목적은 경제학자들에게 속지 않기 위함이다"라고 시니컬하게 말한 적이 있다. 그 속뜻은 경제학자들의 내러티브 뒤에 숨어 있는 당파성을 항상 주의하면서 새겨야 한다는 것이다. 대학 강단이나 연구소에 있는 좁은 의미의 학자들은 물론 저널리스트나 경제 관료, 정치가들의 내러티브를 액면 그대로 받아들일 것이 아니라 끊임없이 의심하고 질문을 던지며 받아들여야 한다.

경제학은 객관적 과학인가

그렇다면 여기에서 한 가지 중요한 질문이 제기된다. 경제학이 재현하는 사람의 관점에 따라 달라지는 것이라면 과연 객관성을 갖춘 과학으로 볼 수 있는가 하는 물음이다. 중력의 법칙이 누군가에게는 작용하는데 다른 누군가에게는 작용하지 않는다면, 그것은 이미 과학적 법칙이 아닐 것이다. 깊게 파고들면 자연과학에서도 사정은 그리 간단하지만은 않다고 한다. 그렇지만 어쨌거나 보통 사람들이 과학이라고 했을 때 떠올리는 이미지는 수학이나 물리학처럼 누가 보더라도 인정할 수 있는, 구체적으로는 논리나 실험에 의해 객관적으로 검증될 수 있는 지식을 가리킨다. 경제학뿐만 아니라 사회 현상을 다루는 학문, 즉 사회과학이라면 그 분야에 상관없이 어느 정도 공통적으로 부딪히는 문제가 있다. 바로 사회 구성원들 간의 이해관계가 서로 다르고 많은 경우 대립하고 있으며 통제된 환경에서 실험을 통해 진리 여부를 검증하는 것이 불가능하다는 점이다.

그런데 이렇게 재현의 방식과 재현자의 관점에 따라 때로는 서로 모순되는 주장들이 양립한다는 것, 그것이 단지 순수 논리의 차이일 뿐만 아니라 물질적 이해관계의 차이를 반영하고 있다는 것, 이른바 메타meta적 사고를 하는 것, 말하자면 체계 바깥에서 체계를 생각하는 것이야말로 오히려 경제학이 사회과학의 중요한 분야로 자리 잡을 수 있는 힘이 된다.

이 책에서는 모두 아홉 명의 경제학자를 다룰 것이다.

그들이 살았던 시대도 제각기 다르고 그들이 처해 있던 개인적·사회적 삶의 조건도 서로 다르다. 제일 먼저 소개할 경제학자는 애덤 스미스인데, 그는 18세기 스코틀랜드 사람이었다. 18세기의 스코틀랜드 경제학자가 재현한 현실과 21세기 한국의 경제학자가 직면하는 현실은 서로 다를 수밖에 없다. 물론 시대를 관통하는 보편적 원리는 분명히 있겠지만, 학자들의 이론적 수준이나 이데올로기적 입장 등과 상관없이 현실 자체가 다른 것이다. 결국 시간의 흐름에 따라 변화하는 현실을 반영하여 이론은 달라지고, 그 통시적 변화를 바라보는 관점이 필요하다. 스미스 다음에 나오는 리카도와 맬서스처럼 같은 시대, 같은 사회에 살았지만 입장이 첨예하게 달랐던 경제학자들도 있다. 그들 사이에는 통시적 차이보다는 공시적 차이가 존재했던 것이다.

이처럼 통시적 및 공시적 차원에서 서로 대립하는 이론들의 물질적 기초, 논리 전개, 현실에 대한 함의 등을 메타적으로 밝히는 작업이 오히려 경제학을 과학으로 성립하게 만들어주는 것은 아닐까? 경제학의 역사를 공부하는 중요한 목적도 바로 여기에 있다.

왜 경제학의 역사를 공부하지 않는가

그런데 이러한 주장에 동의하지 않을 경제학자들도 적지 않다. 한국에서도 매년 경제학의 역사를 다룬 국내외 저자들의 책이 꽤 많이 출간된다. 그만큼 독자들의 관심이 크다는 뜻일 텐데, 의외로 대학의 경제학과에서는 경제사상사나 경제학설사經濟學說史라는 교과목이 사라지는 추세이다. 제법 규모가 큰 대학의 경제학과에도 경제학설사를 전공한 전임교수가 없는 경우가 대부분이고, 교과목 자체가 개설되지 않는 경우도 흔하다. 강단 경제학자의 주된 공급원은 어쩔 도리 없이 미국 유학인데, 그 많은 미국의 연구 중심 대학 중에서 경제학설사로 박사 학위 논문을 쓸 만큼 깊이 공부할 수 있는 곳은 한 손에 꼽을 정도이다. 요컨대 대중적 관심과 전문가의 관점에 커다란 괴리가 있는 셈이다.

왜 이런 현상이 생겼을까? 바로 경제학의 학문적 성격에 대한 관점의 차이 때문이다.

무엇보다 경제학적 지식이 누적적cumulative이라고 생각하느냐 그렇지 않느냐가 중요할 듯싶다. 지도를 예로 드는 경우가 많으니, 한국사 교과서에 실린 대동여지도를 떠올리면 쉬울 것이다. 이 지도에서는 얼핏 보기에도 지금 우리가 알고 있는 것에 비해 어느 부분은 왜곡되어 있고 어느 부분은 과장되어 있다. 측량 기법이 발전하고 위성 사진까지 가능해지면서 지도는 점점 더 정확해지고, 그 과정에서 예전의 지도가 담고 있던 부정확한 정보는 삭제되고 정확한 정보는 더욱 세밀하게 다듬어졌을 것이다. 지식이 누적적이라는 것은 과거의 모든 유용하고 올바른 지식이 그 이후에 나오는 새로운 지식 안에 계승된다는 뜻이다. 그러므로 한국에서 최초로 의미 있는 지도를 만든 것이 대동여지도였다는 사실을 확인하는 것은 일종의 지식의 고고학 영역에 속하는 것이지, 우리가 지금 한반도를 여행하는 데에는 쓸모가 없을뿐더러 틀린 정보를 제공할 수 있다. 만약 경제학도 이와 마찬가지로 누적적인 지식이라는 성격을 갖는다면, 경제학자가 되기 위해 18세기나 19세기, 심지어는 한 세대 전의 경제학도 굳이 공부할 필요가 없다. 지금 현 단계에서의 최첨단 지식 안에는 과거 경제학자들의 지식 중에 올바른 것들이 다 보존되어 있기 때문이다. 오늘날 주류mainstream를 이루는 경제학에서는 대체로 이러한 누적적 지식관을 갖고 있다고 보아도 무방하다. 사실 경제학의 역사를 보면, 특히 19세기 말에 혁명이라 불릴 만한 단절적인 변화가 일어났다. 이러한 단절이 일어나면 경제학자들의 관심, 즉 중요하게 분석해야 한다고 생각하는 문제들이 바뀌며, 그 문제들을 연구하기 위한 방법도 바뀐다. 따라서 얼핏 생각하면 경제학적 지식은 누적적인 것이 아닌 듯 보일 수도 있다. 그렇지만 경제학은 늘 과거의 잘못된 지식, 심지어는 관심을 버리고 올바른 지식과 관심으로 나아간다고 생각한다는 의미에서 여전히 누적적 지식관을 갖는 셈이다.

이와 같은 누적적 지식관과 밀접하게 연결된 생각 중 하나가 경제학이 일종의 도구상자toolkit 같은 역할을 한다는 것이다. 경제 현상을 고장 난 전자 제품, 경제학자를 수리 기사로 비유해보자. 아무리 유능하고 자질이 뛰어난 기사라 하더라도 도구상자 안에 들어 있는 것이 달랑 망치 하나뿐이라면 전자 제품을 제대로 고칠 수 없다. 반대로 숙련도가 떨어지는 기사라 하더라도 도구상자 안에 전자 제품만 갖다 대면 어디가 고장 났는지 알려주는 첨단 장비가 있다면 쉽게 수리할 수 있을 것이다. 경제학의 발전을 도구상자 안에 성능이 뛰어난 도구가 더 많이 생기는 것으로 이해한다면, 일단 경제학자가 되기 위해서는 그 첨단 도구들을 다루는 법만 잘 익혀도 뛰어난 수리 기사가 될 수 있을 것이다. 현대 경제학에서 이 도구에 비유될 수 있는 것은 압도적으로 수학과 통계학이다. 평범한 수준의 대학원생도 애덤 스미스가 전혀 알지 못했던 첨단의 수학적·통계학적 기법을 익히고 있다. 게다가 컴퓨터의 발전으로 그러한 기법을 구현할 수 있는 환경은 불과 10~20년 전에 비해서도 훨씬 더 좋아졌다. 그렇다면 왜 한가하게 19세기나 20세기 문헌을 읽으면서 경제학의 역사를 공부해야 하는 것일까? 노골적으로 표현하자면, 이와 같은 생각이 경제학의 역사를 점점 경제학 영역에서 배제하려는 움직임 안에 깔려 있는 셈이다.

다시 경제학의 역사로

물론 도구상자가 철저하게 객관적이고 중립적인지 의심해볼 필요도 있다. 특정한 분석 도구를 가져오는 순간 경제 현실에 대한 최초의 직관이 왜곡되는 경우도 얼마든지 있다. 설사 도구 자체는 완전히 중립적이라 하더라도 결국 도구를 사용하는 사람인 경제학자의 가치 판단이나 세계관으로부터 전혀 영향을 받지 않는다고 얘기할 수는 없다. 그러므로 점점 더 좋은 도구를 이용하여 점점 더 정확한 지식을 향해 한 걸음씩 나아가는 것이 실제 경제학의 이미지에 부합하는지는 의문의 여지가 있다. 이로부터 경제학의 역사를 공부할 적극적인 필요성이 나온다.

경제학의 역사를 연구할 필요가 있다고 보는 경제학자

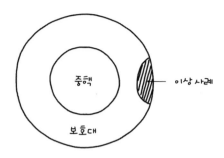

[그림 1-1] 연구 프로그램: 중핵과 보호대

들이 즐겨 근거로 삼는 것이 임레 라카토슈^{Imre Lakatos}의 과학 철학 이론이다. 라카토슈에 따르면, 하나의 연구 프로그램 research programme은 몇 가지 기본적인 공리와 가정으로 이루어지는 중핵^{hard core}과 그에 기초하여 경험적 연구를 가능하게 해주는 보호대^{protective belt}로 구성된다. [그림 1-1]에서 보듯이 보호대는 중핵을 둘러싸고 있다. 사실 중핵을 이루는 공리^{axiom}란 증명할 수도 반증할 수도 없는 명제이기 때문에, 극단적으로 말하면 신념의 영역에 속한다. 같은 연구 프로그램 안에 있는 학자들은 중핵을 공유한다. 보호대의 기능은 중핵을 섣불리 기각하지 않게 만드는 데 있다. 뒤집어 말하자면, 기존의 보호대로는 잘 설명되지 않는 경험적 현상이 나타나도 금세 중핵을 포기하지는 않는다는 뜻이다. [그림 1-1]에서처럼 이상 사례들이 나타나더라도 그것은 보호대만을 갉아 먹을 뿐 중핵에는 영향을 미치지 않는다. 그러므로 해당 연구 프로그램은 중핵은 그대로 유지한 채 보호대만 갈아 끼우는 방식으로 대응한다.

물론 우리가 흔히 생각하는 학문의 객관성 정도에 따라 보호대의 교체와 중핵의 유지에도 차이는 있다. 사회과학은 자연과학에 비해 반증의 절차가 미약하기 때문에 보호대는 훨씬 더 강력할 수 있다.* 천동설로 설명되지 않는 이상 사례가 계속 발견되다가 더 좋은 망원경이 발명되면서 결국 천동설이라는 연구 프로그램은 소멸했다. 그 반대 극단에는 예를 들어 종교 교리나 신학이 있다. 이른바 정통 종교들도 역사적으로 혹은 지금까지도 과학적 지식으로는 설명할 수 없는 교리를 갖춘 경우가 많지만, 과학상의 새로운 발견으로 종교 자체가 소멸되지는 않았다. 다만 교리의 비본질적 부분들을 수정함으로써 대응했던 것이다. 경제학은 두 극단의 중간 정도에 위치할 듯싶다. 중핵에 해당하는 공리나 가정은 학자 자신의 물질적 삶의 경험, 물론 개인적인 것뿐만 아니라 그가 살

---

* Robert Skidelsky, *What's Wrong with Economics?: A Primer for the Perplexed*, Yale University Press, 2021, p.145.

왔던 시대와 사회의 집단적 삶의 경험을 바탕으로 형성된다. 누군가는 진보냐 보수냐 하는 정치적 성향도 유전자에 의해 결정되는 바가 크다고 주장했는데, 어쩌면 경제학자의 유전자가 특정한 중핵을 갖도록 이끌었을지도 모를 일이다. 더구나 하나의 연구 프로그램이 그 결정적인 오류를 논리적으로나 실험을 통해 증명당하여 사라지는 경우는 별로 없다. 시간이 지나고 상황이 변하면 새로운 형태로 부활하기도 한다. 경제학에서는 특정한 공리를 선택하고 옹호하는 것이 자신의 경제적 기득권을 지키는 문제와 직접적으로 연결되기도 하기 때문이다. 이는 한편으로는 경제학이 보통 사람들이 기대하는 수준의 객관성을 갖춘 과학은 아니라는 절망적인 얘기일 것이다. 그러나 다른 한편으로는 물질적 삶과 지식의 생산 사이에 존재하는 복합적 관계를 파악한다는 의미에서 충분한 의미를 갖는 과학이라는 뜻이기도 하다.

이 책의 기획

경제학 역사에 이름을 남길 정도의 학자라면 누구 하나 만만한 이가 없다. 그들의 사상을 몇 가지 키워드로 간단히 정리하는 것만큼 위험한 일도 없을 것이다. 더구나 이미

차고 넘치는 경제학설사 책들을 능가하는 더욱 정확하고도 새로운 주장을 제시하기도 어렵다. 그래서 이 책에서는 아홉 명의 경제학자의 이론을 지금까지 말한 관점에서 살펴보려고 한다. 되풀이하자면, 각각의 경제학자들이 자신이 살던 시대의 경제 문제를 어떤 입장에서 어떻게 재현하려 했는가, 그러한 재현이 근원적으로 완벽할 수는 없지만 그럼에도 불구하고 그들이 최선을 다해 극복하려 했던 점들은 무엇일까, 그리고 지금 이 시대에 되새겨볼 만한 문제의식은 무엇인가를 살펴보려는 것이다. 이른바 메타적 문제의식은 현재 주류를 이루는 패러다임이 놓치고 있는 것이 무엇인지를 깨닫게 해준다. 애초에 재현에서는 '말하고 있는 것' 못지않게 '말하지 않는 것' 또한 중요하다. 중요하지 않다고 생각해서 말하지 않는 것도 있고, 세계관의 차이 때문에 중요하지 않다고 생각하는 것도 있다. 누구는 말하지 않지만 또 다른 누구는 말했던 것, 혹은 반대로 누구는 말했으나 또 다른 누구는 말하지 않았던 것을 찾아가면서 경제 문제, 나아가 우리가 사는 세상을 더욱더 총체적으로 재현할 수 있게 해주는 것, 그것이 경제학의 역사를 공부하는 진정한 의미가 된다.

이기심으로부터
세상을 구하는
방법

근대 경제학의 탄생: 고전학파 경제학

경제 문제에 관한 내러티브는 당연히 인간이 사회를 만들어 살아가면서부터 형성되었을 것이다. 그럼에도 근대적 의미의 경제학은 자본주의가 처음으로 발전한 영국을 비롯한 서유럽에서 시작된다. 그 출발점을 이루는 인물이 애덤 스미스Adam Smith(1723~1790)이고, 그의 대표 저작이자 경제학의 역사에서 손꼽히는 고전이 바로《국부론》이다. [그림 2-1]의 포물선은 스미스에서부터 시작되는 근대 경제학의 첫 번째 중요한 흐름인 고전학파 경제학의 전개를 나타낸다. 포물선의 출발점인 1776년은《국부론》이 출간된 해이다. 물론 스미스 이전이나 당대에도 근대적 의미의 경제학이 없었던 것은 아니다. 그러나 비유적으로 말하자면 근대 경제학은 1776년에 출생 신고를 마친 셈이고 그 증명서가 바로 《국부론》이라 할 수 있다. 포물선의 꼭짓점에는 데이비드 리카도가 자리 잡고 있다. 1817년은 그의 대표적인 저작이 간행된 해이다. 고전학파 경제학은 계속 뻗어나가는 것이 아니라 포물선을 그리면서 떨어지는 모양을 취한다. 100여 년의 시간이 흐르면서 서서히 새로운 경제학에 밀려나기 때문이다. 포물선의 마지막쯤에 존 스튜어트 밀이 위치한다. 1848년은 밀의 《정치경제학 원리》가 출간된 해이자 저 유명한 마르크스와 엥겔스의 《공산당 선언》이 나왔다는 사실로부터도 짐작할 수 있듯이 유럽 전역이 혁명의 기운으로 들끓던 시기였다. 1870년대가 되면 신고전학파 경제학이 등장하면서 주류 경제학의 패러다임이 바뀐다. 물론 마르크스처럼 적극적으로 고전학파를 비판한 아웃사이더가 없었던 것은 아니다. 그렇지만 대체로 [그림 2-1]이 묘사하듯 30~40여 년의 간격을 두고 스미스에서 리카도, 다시 밀로 이어지는 과정이 고전학파 경제학의 생성과 발전, 쇠퇴를 보여준다.

공교롭게도 세 사람 모두 영국인이었고, 이는 고전학파가 때로 영국 고전경제학English classical economics이라 불리는 까닭이기도 하다. 그림에서 묘사하는 시기는 바로 영국에서 산

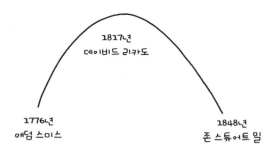

[그림 2-1] 고전학파 경제학의 전개

업혁명이 시작되었다가 마무리되는 시기이기도 했다. 요컨대 자본주의가 최초로 본격화한 시기로, 그 현장에서 근대 경제학은 꽃을 피웠던 것이다. 마르크스는 어디에선가 "인간의 해부는 원숭이의 해부를 위한 열쇠이다"라는 말을 남겼다. 더욱 발전한 사회의 형태를 연구함으로써 덜 발전한 사회에 관해서도 알 수 있다는 것이다. 발전은 항상 좋은 의미만 있는 것이 아니며 그만큼 복잡하고 어려운 문제도 많이 생긴다는 뜻이다. 따라서 경제가 가장 발전한 사회에서 가장 높은 수준의 경제학이 나오는 것은 일종의 경험 법칙일 것이다. 제2차 세계대전이 끝나면서 경제학의 중심이 영국에서 미국으로 옮아간 것도 이러한 경험 법칙이 여전히 들어맞고 있다는 방증이다.

경제의 자연법칙

　　애덤 스미스는 스코틀랜드 출신으로 옥스퍼드 대학에서 유학하기도 했으나 주로 글래스고 대학에서 공부했고 모교에서 교수를 지냈다. 경제학 자체가 분과 학문으로서 제대로 성립하지 않은 시대였던 까닭에 그는 도덕철학moral philosophy 교수였고 오늘날의 기준으로 보면 법철학과 경제학, 정책학에 해당하는 내용을 강의했다. 그는 40대 초반에 교수직을 그만두고 어느 귀족 자제의 멘토 역할을 하면서 함께 유럽 대륙을 여행하는 일자리를 받아들인다. 얼핏 이해가 안 가는 선택처럼 보일 수도 있다. 그런데 21세기 한국 사회로 번안하자면, 손꼽히는 재벌가의 후계자와 함께 세계를 여행하면서 적당히 가르침을 주고 그 대가로 엄청난 보수를 제공받는 제안을 받아들인 셈이니 나름대로 합리적인 선택이었을 것이다.

　　여행 중 주로 프랑스에 머물렀던 스미스는 그 기간 동안 프랑수아 케네 등의 중농주의자들과 교류하며 지적 영향을 주고받는다. 중농주의는 사실 경제학의 역사에서 최초의 학파라 불릴 수도 있는 프랑스의 경제학자 그룹을 일컫는다. 그 태두가 왕궁의 의사 출신인 케네였다. 일본을 거친 한자어 번역 탓에 농업을 중시한다는 뜻의 '중농'이라는 이름이 붙긴 했지만, 원래 physiocracy^{중농주의}라는 용어는 '자연의 지배'라는 어원을 갖고 있다. 이 간단한 어원만으로도 중농주의자들의 사고 체계, 나아가 그 위험이나 한계까지 짐작할 수 있다. 베르사유 궁전이나 "짐이 곧 국가다"라는 문장밖에 떠올릴 수 없는 절대 왕정 시대에 왕의 지배가 아닌 '자연의 지배'를 말한다는 것은 그 자체로 위험한 사상일 수 있다. 쉽게 말해 경제 문제는 왕이나 정치권력으로 해결되는 것이 아니라 고유의 법칙성을 갖는 자연과도 같다고 간주하기 때문이다. 경제학이 분과 학문으로 성립한다는 측면에서도 이러한 인식은 매우 중요하다. 경제 문제에 고유한 내적 논리가 있어야 비로소 그것을 연구하는 경제학도 의미가 있다. 만약 경제 문제를 정치 논리로만 충분히 설명할 수 있다면 정치학의 연구 대상이 될 터이므로 별도의 분과 학문으로서의 경제학은 필요하지 않을 것이다. 더구나 중농주의자들은 프랑스 혁명 전야인 루이 16세 치하에서 이른바 튀르고^(중농주의자로 재무 총책임자를 지냄)의 개혁이라는 정책을 실행하기도 했다. 사상으로만 머물지 않고 현실에 적용하려는 시도를 한 것이다. 그 주된 내용은 농민의 강제 부역 의무를 화폐 납부로 대체하거나 특권적 상인 단체인 길드를 폐지하고 직업과 거래의 자유를 공포하는 등의 자유주의적 색채를 띤 것이었으나 기득권의 반발로 실패한다. 이처럼 절대 권력자의 후광 속에서 이루어지는 적당한 수준의 개혁 조치는 민중의 혁명적 열기를 잠재울 수도, 기득권 세력의 공격을 막을 수도 없다. 인류 역사에서 수없이 반복된 교훈이다.

의사 출신이었던 케네가 경제를 인체의 혈액 순환에 비유한《경제표》를 저술한 것은 시사하는 바가 크다. 국민경제가 하나의 흐름이라는 것, 어딘가에 재화나 부가 쌓여 있기만 해서는 안 된다는 인식은 당대로서는 매우 새로운 지평을 여는 것이었기 때문이다. 스미스는 이러한 측면에서 분명히 중농주의의 영향을 받았을 것이다.

국가의 부란 무엇인가

3년여에 걸친 여행을 마치고 돌아온 스미스가 고향에 머물면서 쓴 책이 바로《국부론》이다. 원래는 '국가의 부富의 성질 및 원인에 관한 연구An Inquiry into the Nature and Causes of the Wealth of Nations'라는 긴 제목의 책이다.

스미스의 내러티브, 그가 재현하고자 하는 바는 제목에 이미 뚜렷하게 드러난다. 국부의 특성은 무엇이고, 그것은 어떻게 증가하는지를 밝히겠다는 것이다.

필생의 저서를 쓰면서 첫 문장을 어떻게 시작할 것인가
는 가슴 설레면서도 상당히 어려운 일이다. 그래서 많은 저
자들은 자신의 주장을 잘 드러내줄 유명한 구절을 따와 제사
題詞로 사용하기도 한다. 그런데 스미스는 《국부론》의 첫 문장
에서 단도직입적으로 논의의 출발점이자 결론을 요약해버린
다. 두괄식 전개의 전형이라 할 만하다.

> 한 나라 국민의 연간 노동은 그들이 연간 소비하는 생활필수
> 품과 편의품 전부를 공급하는 원천이며, 이 생활필수품과 편
> 의품은 언제나 연간 노동의 직접 생산물로 구성되고 있거나
> 이 생산물과의 교환으로 다른 나라로부터 구입해온 생산물로
> 구성되고 있다.*

이 문장 안에는 1776년 당시로서는 매우 혁신적인 생각
이 들어가 있다. 주어는 노동이고 목적어가 생활필수품과 편
의품all the necessaries and conveniences of life이라는 사실, 그리고 책 제

---

* 애덤 스미스, 《국부론》 개역판, 김수행 역, 비봉출판사, 2007, p.1. 뒤에 나오는
  《국부론》의 인용 쪽수는 모두 이 번역본의 페이지를 따른다.

목이 국가의 부에 관한 것임을 상기해보자. 스미스는 첫 문장에서부터 국가의 부는 국민들이 소비하는 생활필수품과 편의품임을 밝히고 있는 것이다. 더구나 그 원천은 다름 아닌 인간의 노동이라 선언하고 있다.

국부가 무엇인지, 어떻게 그것을 늘릴지를 논의하기 위해서는 먼저 국부를 측정할 수 있어야 한다. 사실 경제학적 문제의 상당수는 연구 대상이 되는 개념을 어떻게 측정할 것인가의 문제라고 해도 지나친 말은 아니다. 일반인들이 얼핏 생각하는 것과는 달리, 그 측정은 100퍼센트 객관적이고 엄밀한 것이라기보다는 일종의 정치적·사회적 합의의 성격을 지닌다. 대표적으로 일상생활에서 너무나도 자주 듣는 국민소득, 그 근거가 되는 국민총생산GNP은 20세기 중반에 와서야 표준적으로 확립된 개념이다. 모든 평가 체계가 그러하듯, 현실적인 한계를 넘어 하나의 지표로 성과를 측정하기 위해서는 때로는 비현실적인 가정과 논리적 비약, 어쩔 수 없는 취사선택 과정을 거쳐야 한다. 마치 영어를 잘하면 토익 점수가 높을 것으로 기대되지만, 토익 점수가 높다고 해서 반드시 영어를 잘한다고 볼 수는 없는 것, 그럼에도 불가피하게 토익 점수를 영어 실력의 지표로 사용하는 것과 비슷한 원리라고 생각하면 된다.

《국부론》의 첫 문장은 우리가 오늘날 사용하는 국민총생산과 유사한 개념을 명쾌하게 제시하고 있다. 당연해 보이는 이러한 주장은 당시가 여전히 중상주의적 사고가 통용되던 시대임을 생각하면 매우 혁신적인 것임을 알 수 있다. 중상주의는 이미 16세기 무렵부터 유럽 각국의 절대 왕정을 뒷받침했던 경제 문제에 관한 사고 체계이며, 스미스가《국부론》에서 가장 염두에 두었던 논적이기도 하다. 중상주의의 핵심은, 국가의 부란 곧 국가가 보유하고 있는 금이나 은 같은 귀금속의 양에 있다고 보는 것이다. 물론 금 본위제에서는 정의상 금이 곧 돈이었다. 마치 개인이 부자가 되려면 가급적 돈을 많이 벌고 적게 쓰면 되는 것처럼, 나라 또한 그러하기 때문에, 수출을 통해 더 많은 돈을 벌고 가급적 수입은 적게 하는 것, 때에 따라서는 식민지를 점령하고 더 많은 금은보화를 약탈해오는 것까지도 국부를 증가시키는 방법으로 간주되었다. 당시 유럽 상황에서 이를 위해서는 강력한 해군이 있어야 하기 때문에 국가가 적극적으로 개입하여 좋은 배와 무기를 만들고(즉 공업을 육성하고) 농업은 희생시키는 정책을 사용하게 된다. 농민이 군인으로 징발되면서 농업 노동의 생산성도 자연스레 떨어졌을 것이다. 중상주의 정책으로 농촌이 피폐해진 프랑스에서 중농주의가 등장하였고, 핀트가 다소

어긋나지만 농업 중시라는 의미로 번역된 것도 이러한 맥락
에서일 것이다.

　스미스가 국부를 생활필수품과 편의품의 총량으로 정
의한 것은 현대적인 GNP 개념의 기원이라고 볼 수 있을 뿐
만 아니라, 국부 증가 즉 경제 성장의 궁극적인 지표가 결국
국민 소비의 증가라는 것을 의미하고 있다. 사실 중상주의적
아이디어는 경제 개발 연대인 1960~1970년대 한국 사회의
일상을 지배하는 사고였다. 이제는 가끔 다큐멘터리에서나
보는 장면이지만 외국산 담배를 피우면 단속한다거나 외제
물품을 모아놓고 불태우며 국산품 애용을 외치는 것 등은 중
상주의 사상과 궤를 같이하는 것이다. 중상주의적 사고는 속
성상 민족주의 내지는 국가주의적 사고와 쉽게 결합하기 때
문에, 1997~1998년 IMF 위기 당시의 금 모으기 운동 같은 방
식으로 재현되기도 한다. 외국계 자본이 국내 기업을 인수하
면 언론이나 정치권에서는 어김없이 국부 유출이라는 표현
이 등장한다. 그런데 생활필수품이나 편의품이 수입산이면
국부가 줄어드는 것일까? 스미스의 정의만 봐서는 그렇게 말
할 수 없다. 오히려 외국과의 자유로운 무역을 통해 다양한
재화를 주고받음으로써 국민들의 소비 수준이 향상된다면
국부가 증가할 것이다. 요컨대 스미스의 첫 문장은 경제 성

장의 목적이 무엇인가에 관한 꽤 심오한 질문과도 연결된다. 단지 금은을 많이 축적한다고 해서 나라가 부자가 되는 것은 아니다. 진정한 목표는 그 나라 국민들이 얼마나 많은 소비를 할 수 있는가, 즉 얼마나 높은 생활 수준을 누리는가에 달려 있는 것이다.

국부의 원천은 노동이다

《국부론》 첫 문장의 주어가 노동이라는 것은 결국 국부의 원인(책 제목의 주요 키워드이기도 하다)이 노동임을 의미한다. 간단히 말해 노동생산력,* 스미스의 표현으로는 노동자들의 기능과 숙련 그리고 판단이 어떤 수준인가에 따라 국부의 크기가 결정되는 것이다. 즉 어느 나라 국민들이 더 능숙하고 솜씨 있게, 더 열심히 일한다면, 그에 비례하여 국부가 증가한다. 이렇게 국부의 원천이 노동이라고 보는 생각은 고전학파 경제학 전체에 걸쳐 관통되는 것이었다. 이미지로 그려보자면, 한쪽에는 어떤 나라 국민이 1년 동안 행하는 노동의 총량이

---

* 노동생산성이라는 개념 역시 그 측정 문제는 20세기에 와서야 표준화되었다. 애덤 스미스도 노동생산성 대신 노동생산력(productive powers of labour)이라는 용어를 사용했다.

있고, 반대편에는 그 결과로 생산되는 생활필수품과 편의품의 총량이 있다. 노동의 총량이 늘어나면 혹은 노동의 총량은 일정하더라도 그 내실이 단단해지면, 다시 말해 같은 시간 동안 더 열심히 혹은 더 솜씨 좋게 일한다면 생활필수품과 편의품이 더 많이 생산되므로 국부가 증가한다. 물론 노동의 양과 재화의 양 사이에 어떤 식으로 양적 관계가 맺어지는지는 좀 더 탐구해야겠지만, 한쪽에 노동을 놓았다는 것 자체가 이미 특정한 사고의 틀이 전제되고 있음을 의미한다. 이러한 사고는 리카도나 마르크스로 이어지면서 상품의 가격은 결국 그 상품을 만드는 데 필요한 노동 시간이 결정한다는 노동가치론으로 정립된다.

스미스는 노동생산력이 증가하는 가장 중요한 원인을 분업에서 찾았다. 《국부론》 앞부분의 저 유명한 핀 공장의 예는 이러한 사실을 정확하게 보여주고 있다. 스미스가 산책길에 자주 들렀다는 그 공장에서는 작은 핀 하나를 만드는 공정이 무려 18개로 나누어져 있었다. 누구는 자르기만 하고, 누구는 끝만 뾰족하게 하고, 누구는 마감만 하는 식이다. 그랬더니 하루 종일 만든 핀의 생산량이 1인당 4,800개에 이르렀다. 능숙한 노동자가 모든 공정을 혼자 처리했을 때는 기껏해야 20개를 만들 수 있었다. 그렇다면 분업의 결과 생산량이 무려 200배 이상 증가하는 셈이다. 스미스는 이에 큰 충격을 받아 자신의 필생의 저작을 핀 공장의 에피소드로 시작했던 것이다.

스미스의 주장은 다음과 같이 요약할 수 있다. 노동생산력이 증가하려면 분업이 이루어져야 하고, 분업이 많이 진전되는 것이 바로 국가의 부를 늘리는 방법이다. 그런데 분업이 진전되기 위해서는 배후에 충분한 크기의 시장이 있어야한다. 쉽게 생각해서 분업을 통해 하루에 수천 개의 핀을 생산하더라도 우리 마을에서는 고작 20개로 충분하다면 그렇게 많이 생산하는 것은 무의미하다. 숙련공 한 명으로도 마을 전체의 수요를 감당할 수 있기 때문이다. 여기에서 "분업의 정도는 시장의 크기에 의해 제한된다"라는 스미스의 유명한 명제가 등장한다.

인구 증가는 경제 성장의 원천이다

시장의 크기는 곧 구매력의 크기를 나타낸다. 같은 조건이라면 인구가 많을수록 시장은 커진다. 따라서 스미스의 논리대로라면 인구가 계속 증가하는 것이 분업의 발전, 나아가 노동생산력 증대를 통해 국부를 증가시키는 요인이 된다. 이

제《국부론》의 첫 문장을 실마리로 스미스가 우리에게 들려주려는 내러티브를 구성하면 [그림 2-2]와 같은 긍정적 피드백* 혹은 호순환으로 나타낼 수 있다. 국부가 증가하기 위해서는 노동생산력이 향상되어야 하는데, 가장 중요한 방법은 분업이 진전되는 것이다. 그런데 분업의 정도는 시장의 크기에 의해 제한되고, 시장은 국부 증대로 인구가 증가할 때 비로소 커진다. 그림에 등장하는 각각의 요소들은 서로 긍정적인 영향을 미치면서 꼬리에 꼬리를 물고 되풀이된다. 여기에는 국부가 단지 금은을 많이 쌓아두는 것으로 증가하지 않는다는 점에서 중상주의에 대한 비판과 함께 국부가 어느 한 곳에 머물러 있는 것이 아니라 시장 교환을 통해 순환함으로써 더욱 커진다는 의미에서 중농주의적 사고가 함축되어 있다.

그런데 인구와 경제 성장의 관계에 대한 스미스의 생각은 그보다 한 세대 뒤에 등장하는 맬서스의《인구론》과는 정반대되는 것이다. 맬서스에게 인구 증가는 시장을 키움으로써 국부를 증가시키는 긍정적 요소가 아니라, 식량 위기와 빈곤 악화 등으로 시스템 붕괴의 원인이 된다.

---

* Duncan K. Foley, *Adam's Fallacy: A Guide to Economic Theology*, The Belknap Press of Harvard University Press, 2006, p.10.

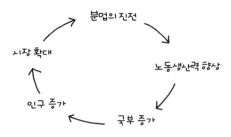

[그림 2-2] 스미스의 논리: 긍정적 피드백

　맬서스와 스미스의 차이는 그들이 살았던 시대의 특성
이 달랐다는 점, 이른바 통시적 차이에도 기인하는 바가 클
것이다. 스미스는 산업혁명이 진행되던 때를 살았고 분업의
진전이 가져다주는 엄청난 생산력 증대 효과에 큰 감동을 받
았다. 사실 분업의 진전이 가져오는 간과할 수 없는 그늘은
노동자들의 작업이 지나치게 단순해지면서 일의 보람을 느
끼지 못하고 더 나아가 심리적으로 황폐해진다는 것이다. 핀
하나를 만드는 데 공정이 18개라면, 역으로 생각할 때 각 노
동자는 그저 18분의 1인분의 단순한 일을 온종일 반복한다는
뜻이 된다. 노동자가 일에서 자기실현의 의미를 찾기 어려운
것은 차치하더라도, 이러한 방식으로 노동생산력을 높이는
데에는 한계가 있을 수밖에 없다. 18개 공정을 180개로 쪼개

는 것이 불가능하다면, 그리고 하나의 작업을 반복하는 인간의 육체적·정신적 능력에 한계가 있다면 핀 공장의 노동생산력이 무한정 증가하지는 않을 것이다.

다음 인용문에서 보듯이 스미스는 분업이 노동생산력을 증대시키지만 부작용도 있다는 점을 놓치지 않았다.

> 몇 개의 단순 동작, 그것도 효과가 항상 똑같거나 거의 똑같은 동작만을 수행하면서 일생을 보낸 사람은 자신의 지력을 사용할 기회도 없으며 (…) 인간이라는 피조물이 도달할 수 있을 만큼의 한계까지 멍청하고 무식한 존재가 되는 것이 보통이다.*

그러나 《국부론》의 전체적인 기조를 생각하면, 아마도 후대에 스미스가 읽히고 소비된 방식 탓에 더 과장되었겠지만, 그가 분업의 생산력 증가 효과에 압도당했다는 인상을 지우기 어렵다. 분업이 자본주의 사회의 노동자를 불구화한다는 인식은 1840년대 청년 마르크스의 중요한 문제 제기였다.

---

* E. K. 헌트·마크 라우첸하이저, 《E. K. 헌트의 경제사상사》, 홍기빈 옮김, 시대의창, 2015, p.162에서 재인용.

여기에서도 스미스와 마르크스의 통시적 차이가 드러난다. 마치 인터넷이 처음 보급되던 시절에는 '정보의 바다'나 새로운 지식 사회가 열린다고 흥분했지만, 시간이 지나면서 온갖 음란물과 거짓된 정보가 뒤섞인 폐해에 대해 심각하게 받아들이기 시작하는 것과도 비슷하다. 산업혁명 시작기에 기껏해야 가내 수공업 규모였을 핀 공장의 분업에도 감명받았던 스미스와, 자본주의의 발전 과정에서 노동자를 피폐하게 만드는 현실에 직면한 청년 마르크스는 당연히 분업에 대해 다른 견해를 가지게 되었을 가능성이 크다.

분업은 인간의 본성인가

분업은 핀 공장의 예처럼 하나의 생산물을 만드는 공정 안에서만 이루어지는 것이 아니다. 사회 전체적으로 보더라도 누군가는 핀을 만들고 다른 누군가는 빵을 만든다. 전근대 사회의 농민처럼 혼자서 혹은 가족 단위로 대부분의 생활 필수품을 직접 만들고 약간의 잉여가 생기면 시장에 나가 필요한 물품과 교환하는 식으로 살아가지 않는다. 앞의 경우를 기술적 분업, 뒤의 경우를 사회적 분업이라 부른다. 스미스는 "하나의 물건을 다른 물건과 바꿔 갖고, 거래하고, 교환하는 성향"이 분업을 낳았으며, 이는 "인간성의 어떤 성향으로부터, 비록 매우 천천히 그리고 점진적이긴 하지만, 필연적으로 생긴 결과"(p.17)라고 말한다. 물론 스미스는 처음부터 그랬던 것이 아니라 시장 경제가 발전하면서 생긴 결과라고 주장하지만, 읽기에 따라서는 시장 경제 자체가 인간의 본성이기 때문에 어떠한 방식의 규제도 인간성을 거스르는 잘못된 것으로 해석되기도 한다. 이러한 해석 때문에 정부의 개입주의적 경제 정책에 반대하는 미국 공화당 의원들은 종종 스미스의 얼굴이 새겨진 넥타이를 맴으로써 정치적 신조의 상징으로 삼기도 했다. 진보와 보수라는 말은 상황과 장소에 따라 여러 가지 함의를 지닐 수 있다. 경제학적 보수주의는 시장 경제의 효율성을 신뢰하며 그 어떤 형태의 규제에도 가급적 반대하는 경향을 갖고 있다. 그런 이유로 스미스는 지금도, 그리고 한국에서도 자유주의 시장 경제의 옹호자로 자주 소환되고 있다.

사실 모든 텍스트, 특히 고전이라 불리는 텍스트가 원래의 의도나 맥락과는 무관하게 별개의 생명력을 지닌 채 살아 움직이는 것은 흔한 일이다. 근본적으로는 제1장에서 말한 언어적 재현의 불완전성 탓일 것이다. 그러나 사회과학에서는 다시금 읽는 이의 정치적 의도나 맥락이 텍스트의 해석에 영향을 미친다. 스미스는 이 책에서 다루는 경제학자들 중에서 가장 폭넓은 이념적 스펙트럼으로 해석되는 인물이다. 이기심과 관련된 부분은 바로 이러한 독해 방식에서 핵심적 요소이다.

이기심의 역할

《국부론》에서 가장 유명할 것으로 생각되는 다음 구절을 읽어보자.

> 우리가 매일 식사를 마련할 수 있는 것은 푸줏간 주인과 양조장 주인, 그리고 빵집 주인의 자비심 때문이 아니라, 그들 자신의 이익을 위한 그들의 고려 때문이다. 우리는 그들의 자비심에 호소하지 않고 그들의 자애심에 호소하며, 그들에게 우리 자신의 필요를 말하지 않고 그들 자신에게 유리함을 말한다. (p.19)

기독교의 영향이 강했던 시대에 사람들은 자신의 이익을 추구하는 행위를 통해 먹고살면서도 마음속으로는 늘 그 행위가 신의 뜻에 위배되는 것은 아닌지, 더 솔직하게 말하면 죽은 뒤 지옥 불에 떨어지는 것은 아닌지 전전긍긍해야 했다. 13세기 스콜라 철학의 대표자인 토마스 아퀴나스는 "이익을 얻기 위해 물건을 사는 자는 누구를 막론하고 하느님의 성전으로부터 추방된다"고 선언한 바 있었다. 아마도 싸게 사서 비싸게 파는 상인을 염두에 둔 표현일 테지만, 상인이 없다면 애초에 생활필수품이나 편의품을 어떻게 구할 수 있을까? 물론 아퀴나스도 상업이 발전하는 현실을 감안하여 여러 가지 예외 조항을 둘 수밖에 없었다. 가령 먹고살기 위해서나 가난한 자를 돕기 위한 경우, 그리고 물품을 단순 양도하는 것이 아니라 일정한 가공을 하거나 수송의 위험이 수반되는 경우 등은 예외로 삼았다. 그러나 예외 조항이 더 많은 규칙은 이미 규칙이 아니다. '먹고살기 위함'과 '이익을 얻기 위함'의 경계는 과연 어디에 있는 것일까? 또 있다 한들 누가 그것을 결정할 수 있을까? 여기서부터는 순전히 나의 불경스러운 상상이지만, 어차피 영혼의 양식은 생산할지언정 배를 채울 양식은 생산하지 못하는 교회로서야 사회의 다른 부문으로부터 부를 얻어올 수밖에 없었을 것이다. 따라서 모든 경제적 거래를 죄악시하면 스스로의 물질적 존립 기반을 허물어버리는 역설적 결과에 직면할 수밖에 없으므로 이러한 타협은 불가피했을 것이다. 냉정하게 말하자면 비생산적 기생 계급인 교회가 정의로운 교환과 정의롭지 못한 교환을 판가름하는 역할을 수행함으로써 스스로의 존립 근거를 확보했던 셈이다.

스미스의 이기심self-interest은 이런 궁색한 논리와 불편한 죄책감을 한꺼번에 덜어주는 복음처럼 들린다. 사회 구성원들이 각자의 이기심을 좇아 행동함으로써(그럼에도 불구하고가 아니라 바로 그 때문에) 시장 경제가 원활하게 돌아갈 수 있다고 주장한 것이기 때문이다. 유명세에도 불구하고 《국부론》에 딱 한 번 나오는 "보이지 않는 손the invisible hand"이라는 구절은 주술 관계만 추려 인용하자면 "모든 개인은 자신의 이익만을 의도하지만, 그것은 보이지 않는 손에 인도되어서 자신이 전혀 의도하지 않았던 목적을 촉진하게 되는 것이다"라는 문장 속에 등장한다. 사실 이 문장은 인간의 의도와 행위 그리고 그 결과 사이의 관계라는 매우 철학적인 문제를 담고 있다. 선한 의도를 갖는다고 해서 선한 결과로 이어지는 것은 아니다. 마찬가지로 악한 의도가 악한 결과만 가져오는 것도 아니다. 행위가 의도를 배신할 수도 있고, 결과가 행위를 왜곡할 수도 있다. 개인의 행동이 사회의 구조와 맞닿아 있는 지점에 주목하는 것이 바로 사회과학의 역할이다. 개인적 이익을 좇는 의도와 행위가 사회적으로는 선한 결과를 가져온다는 것을

보여줄 수 있다면 사회과학자에게는 그 자체만으로도 더할 나위 없는 지적 희열이었을 것이다. 그러므로 이기심과 보이지 않는 손의 논리는 결코 탐욕스러운 인간들에게 면죄부를 발급하는 역할을 하기 위한 것은 아니었다.

《도덕감정론》의 미스터리

스미스는 《국부론》이 출간되기 한참 전, 그러니까 글래스고 대학의 교수로 재직하던 1759년에 《도덕감정론The Theory of Moral Sentiments》을 썼다. 이 책은 상업적으로도 성공을 거두며 여러 차례 개정을 거듭한다. 마지막 개정판인 제6판은 스미스가 죽는 해인 1790년에 출간된다. 지금처럼 대학교수가 학술지에 비교적 짧은 논문을 활발하게 출판해야 하는 시대가 아니었으므로 스미스의 저작은 《도덕감정론》과 《국부론》 두 권뿐이다.

《도덕감정론》에서도 예의 두괄식 서술은 어김없이 관철된다.

인간이 아무리 이기적인 존재라 하더라도, 그 천성에는 분명히 이와 상반되는 몇 가지가 존재한다. 이 천성으로 인하여 인간은 타인의 운명에 관심을 가지게 되며, 단지 그것을 바라보는 즐거움밖에는 아무것도 얻을 수 없다고 하더라도 타인의 행복을 필요로 한다. 연민과 동정심이 이런 종류의 천성에 속한다. 이것은 타인의 고통을 보거나 또는 그것을 아주 생생하게 느낄 때 우리가 느끼는 종류의 감정이다.*

첫 문장에서 이기적인selfish 존재로서의 인간에 대한 서술이 나온다. 그런데 그 이기적인 인간이 자신에게는 아무 실익이 없는 경우에도 타인의 행복을 바라고 고통을 아파하는 마음을 갖고 있다는 것이다. 번역본 기준으로 700여 쪽에 이르는 《도덕감정론》은 바로 이 주제를 집요하게 파고든다. 그리고 경제학의 역사에서 오랫동안 논쟁거리였던 '애덤 스미스 문제Das Adam Smith Problem',** 즉 《도덕감정론》의 스미스와 《국부론》의 스미스가 일관된 논리를 제시하고 있는가 하는 의문은 이렇게 첫머리에서부터 제기된다.

오랜 기간에 걸쳐 활동한 학자의 생각이 바뀌는 것은 흔

---

* . 애덤 스미스, 《도덕감정론》 개역판, 박세일·민경국 공역, 비봉출판사, 2015, p.4.
** 19세기 후반 독일의 경제학자들 사이에서 논의가 시작되었기 때문에 이렇게 독일어로 표기하는 것이 보통이다.

9명의 경제학자들

한 일이다. 생물학적으로도 젊어서는 급진적이고 반체제적인 생각을 하다가 나이 들수록 보수적이고 현상을 긍정하거나 체념하는 쪽으로 변한다. 그런데 출간 연도를 보면 흥미로운 사실이 있다. 스미스는 죽는 날까지 《도덕감정론》을 개정하고 있었다. 비유적으로 말하자면 《국부론》을 쓰는 한편에서 계속 개정판을 내고 있었던 셈이다. 제목에서 알 수 있듯, 두 책이 다루는 학문 영역은 오늘날의 기준에 따르면 철학과 경제학으로 서로 다르다. 그러나 학문 분과의 구분이 지금처럼 세밀하지 않았던 시대에, 평생 단 두 권의 저서를 남긴 대가가 마치 정신분열적 존재처럼 완전히 서로 다른 얘기를 하고 있다고 믿기는 어렵다.

《도덕감정론》에 등장하는 가장 중요한 개념은 공감 sympathy이다. 미묘한 차이가 있기는 하지만, 연민pity, 동정심 compassion, 동료 감정fellow-feeling 등은 모두 내가 다른 사람의 처지에 나 자신을 넣어보는 감정 이입을 통해 생겨난다. 인간은 이기적인 존재이지만 이와 같은 공감의 원리 때문에 심지어 나와는 아무 상관 없고 만날 가능성조차 없는 사람의 처지에서도 기쁨이나 슬픔의 감정을 느낀다. 공감은 가까운 사이에서는 더 크게 작용하고 사이가 멀어지면 작게 작용하는 인력과도 같은 특성을 지닌다. 공감이 작동하는 중요한 메커니즘으로 스미스가 제시한 것은 "공정한 관찰자the impartial spectator"였다. "마음속에 있는 사람man within the breast" 등의 여러 가지 비슷한 표현으로 사용되는 공정한 관찰자는 내가 하는 행동을 타인의 눈으로, 거울에 비추듯 바라보고 평가한다. 마치 만화 속 어린이가 나쁜 짓을 하려 할 때 말풍선 속에 등장하는 하얀 옷을 입은 천사가 그러지 말라고 말리듯이, 공정한 관찰자는 내가 남에게 인정받고 싶은 마음, 남에게 비난받고 싶지 않은 마음을 자극하면서 내 행동을 규제하는 역할을 하는 것이다.

공감의 원리는 감정의 표출과 인정에도 작용한다. 슬픔을 당한 사람은 자신의 슬픔이 100이라고 했을 때 80 정도만 드러내야 한다. 타인은 나의 슬픔에 완전히 공감하지 못하므로, 내가 울고불고하면서 지나치게 감정을 드러내면 오히려 공감받기 어렵기 때문이다. 반대로 타인의 슬픔을 위로하는 사람은 자신의 공감이 30이라고 했을 때 좀 더 끌어올려 50 정도로 드러내야 한다. 한쪽이 100을 표출할 때 다른 쪽이 30으로 마주 선다면, 그 공감은 인정받기 힘들다. 100인 사람은 80으로 내려오고 30인 사람은 50으로 올라감으로써 비로소 두 사람은 적절한 범위인 50과 80 사이에서 만날 수 있는 것이다.

《도덕감정론》은 그 자체로도 훌륭하지만 해석의 여지도 많은 저작이다. 공정한 관찰자, 혹은 내면적인 정의의 객관적 기준이 존재하는 것인가, 그렇지 않으면 일종의 사회적 합의에 의해 형성되는 것인가? 스미스의 주장은 두 가지 설명 사이를 왕복하는 것처럼 보여서 책을 끝까지 읽어도 명쾌한 답변을 얻기가 쉽지 않다. 물론 '애덤 스미스 문제'를 가장 손쉽게 해소하는 독해 방법은 있다. 인간의 이기심이 중요한 역할을 하는 것은 맞지만, 이기심이 무한정 발휘되는 것이 아니라 객관적 기준이건 사회적 합의건 간에 적절한 범위 안에서만 작동한다고 해석하는 것이다.

스미스는 《국부론》에서 시장 가격이 끊임없이 변동하면서도 마치 중력의 중심처럼 끌려가는 기준이 되는 자연 가격이란 개념을 제시한 바 있다. 그런데 스미스의 자연 가격에 대한 설명은 이중적이고 혼란스럽기까지 하다. 한편으로 그것은 상품이 지배하는 노동의 양에 의해 결정된다. 예를 들어 어떤 상품의 시장 가격이 2만 원이고 평균적인 노동의 시급이 1만 원이라면, 그 상품의 지배노동량은 두 시간이다. 시장에서 두 시간어치에 해당하는 노동을 지배할 수 있다는 의미이다. 그러나 이 자연 가격은 어떻게 결정되는가? 순환 논법에서 벗어나려면 시장에서 수요와 공급에 의해 결정되는 가격 메커니즘과는 독립적으로 지배노동량이 결정되는 논리를 제시해야 한다.

다른 한편으로 스미스는 임금과 이윤과 지대地代에도 각각 자연적인 수준이 있다고 주장한다. 어떤 상품의 가격은 결국 임금, 이윤 그리고 지대의 합계일 터이므로, 자연 가격은 자연 임금과 자연 이윤 및 자연 지대의 합이 된다. 그렇지만 자연 가격 수준이 무엇에 의해 결정되는지를 설명할 수 없다면, 과연 이렇게 되는지도 확신할 수 없다. 시장 가격과 자연 가격의 관계에 대한 스미스의 해석은 내면적인 정의, 공정한 관찰자 등의 이론과 같은 논리 구조를 지니는 것처럼 보인다. 만약 수많은 시장 거래를 거쳐 결정된 시장 가격을 단순히 평균한 것이 자연 가격이라고 주장한다면, 굳이 자연 가격이라는 개념을 설정하는 것이 무의미할 것이다. 마찬가지로 수많은 사람들의 행동을 평균하여 그것이 공정한 관찰자의 행동이라고 주장할 수 없을 것이다.

이기심과 공감: 좌파적 해석과 우파적 해석

분명한 것은 스미스가 인간의 본성에 관해 깊이 통찰하려는 노력을 기울인 드문 경제학자라는 점이다. 1870년대 이후 신고전학파 경제학이 등장하면서 인간은 자신의 이익을 합리적으로 추구하는 주체로만 인식되는 경향이 강화되었고 이른바 호모 이코노미쿠스homo economicus, 즉 경제학적 인간에 대한 표상이 생겨났다. 그 반대편에는 계급 지위에 따라 의식과 행위가 결정되는 마르크스 경제학적 표상이 있다. 하나의 학문이 체계화할수록 배우고 가르쳐야 할 표준적인 개념과 이론이 많아지고 어쩔 수 없이 복잡한 문제에 대해 단순화하는 경향이 생긴다. 특히 학문을 처음 배우는 단계, 예를 들어 대학의 경제학 입문 강좌에서는 경제학자들만 사용하는 방언을 가르치기에도 시간이 부족한 것이 보통이다. 따라서 《도덕감정론》에서와 같은 인간 본성에 관한 통찰을 다룰 여유도 능력도 없다.

문제는 대부분의 비전공자는 물론 상당수의 전문적 경제학자들도 대학 저학년 때 배운 입문 교과서 정도의 지식만으로 무장한 채 각자의 전문 분야로 나아간다는 것이다. 그렇게 단순화된 인간상은 수많은 경제학자들(관료나 저널리스트까지 포함하는)에 의해 확대 재생산되면서 사회에 영향을 미치는 담론으로 성장한다. 이기심과 공감의 관계에 대한 좌파적 해석과 우파적 해석이 사회적 담론으로는 더욱 낮은 수준에서 되풀이되고 대립하는 까닭이기도 하다.

스미스가 개인들이 자유롭게 각자의 이기심을 추구하도록 내버려둘 때 "자연적 자유natural liberty"*의 시스템은 자리 잡을 것이므로, 정부는 국방이나 치안, 법의 집행 등 최소한의 업무만 담당해야 한다고 주장한 것은 사실이다. 그러나 어떻게 해서 개인의 이기적 행동이 반드시 사회적으로 가장 바람직한 결과로 연결되는지는 명확하게 해명되지 않았다. 그럼에도 《국부론》에 한 번밖에 등장하지 않는 "보이지 않는 손"은 시장에 대한 어떤 규제도, 정부 개입도 반대하는 논리로 과장되어 사용된다. 때로는 공기업 민영화의 논리로, 때로는 비정규직 노동자를 차별하는 논리로, 많은 경우 '좌파적' 상대를 공격하는 논리로 사용되는 것이다. 시장에 맡겨두었을 때 최선의 결과가 보장된다는 믿음, 경쟁 시장이 효율성을 달성하지 못한다는 '시장의 실패'조차도 시장에 맡김으로써 해결할 수 있다는 억지는 종종 반복된다. 노벨 경제학상 수상자인 조지프 스티글리츠조차 "보이지 않는 손이 보이지 않는 것은 거기에 그것이 없기 때문이다"라는 역설적인 말을 했을 정도임에도 말이다.

---

* E. K. 헌트·마크 라우첸하이저, 《E. K. 헌트의 경제사상사》, 홍기빈 옮김, 시대의창, 2015, p.153.

9명의 경제학자들

사실 어떤 공교육에서도 자신의 이익만을 추구하라고 가르치지는 않는다. 오히려 이기적인 행동이 불러오는 공동체에 대한 파괴적 효과를 경계하도록 가르친다. 유독 경제학이 이기적이고 합리적인 개인을 상정함으로써 도덕(윤리)과 경제를 분리하는 길을 열었다는 비판이 나오는 것도 그 때문이다. 그렇지만 이러한 '좌파적' 논리에도 허점은 있다. 경제학자 앨버트 허시먼은《정념과 이해관계*The Passions and the Interests*》에서 흥미로운 설명을 제시한 바 있다. 예를 들어 누구든 기분 내키는 대로 죽이고 살릴 수 있는 광포한 정치권력자가 있다고 해보자. 그에게 도덕적 설득을 통해 권력을 민주적으로 통제할 수 있을 것인가? 오히려 그로 하여금 자신의 이해관계를 추구하도록 내버려두되, 그것이 사회적으로 바람직한 방향으로 작동할 수 있도록 제도를 디자인한다면 어떨까? 그 어떤 사회 운동도 자신의 욕망을 절제하도록 요구하기만 해서는 성공하기 어렵다. 적절한 범위 안에서 인간의 이기심이 발휘될 수 있도록 만들어나가는 것, 그것이 도덕을 신뢰하는 선한 의도에서 출발하였으나 나쁜 결과를 가져온 수많은 역사적 사례들로부터 얻을 수 있는 교훈인지도 모른다.

시장은 사람을 부드럽게 만드는가

스미스가 살았던 시대는 영국에서 산업혁명이 일어나 최초로 자본주의적 근대화가 이루어지기 시작한 때였다. 시장 규모가 확대되면서 사람들 간의 교류 범위도 이전과는 비교가 안 될 정도로 커졌을 것이다. 비록 가상 세계이기는 하지만 인터넷 공간이 처음 열리던 때를 상상해보면 좋을 것이다. 사이버 공간 속에 들어오는 이들이나 사이트의 수도 기하급수적으로 늘고 그들 사이에는 기존의 세상에서 적용되던 규칙이나 프로토콜도 제대로 적용되지 않는다. 이러한 상황에서 질서는 어떻게 유지될 수 있을까? 스미스는 이러한 문제에 관심이 있었을 것이다. 그것은 때로 국부의 원인과 성질에 관한 연구로도 이어졌지만, 그 밑바닥에는 인간 행위의 기초를 설명하는 문제가 놓여 있었다. 인간의 의도와 행위 그리고 그 결과 사이의 어긋남과 마주침, 그 복합적인 문제를 다루려는 것이 스미스의 연구 과제였던 셈이다. 이렇게 본다면 《국부론》도 어떤 의미에서는 《도덕감정론》이 지향하는 일반적 체계 속에 위치 지을 수 있다. 계몽주의 시대로부터 유래된 "부드러운 상업doux commerce"의 논리, 즉 사람들이 온화할 때 상거래가 이루어지고 거꾸로 상거래를 하면 사

9명의 경제학자들

람들이 온화해진다는 논리는 스미스에게 영향을 미쳤을 것
이다. 서로의 경제적 이익이 걸려 있는 관계에서는 폭력 대
신 평화가 깃들 수밖에 없다는 논리는 칸트의 영구평화론에
서부터 토머스 프리드먼의 골든 아치 이론*이나 남북한 경제
협력에 이르기까지 다양한 형태로 재생산되었다. 스미스는
자신이 말하는 "상업 사회commercial society", 즉 자본주의 사회를
분석할 때는 행위 주체들 사이에 적절한 거리를 두는 관계,
각자의 이기심을 추구한 끝에 선한 결과로 이끌리는 정도의
관계에만 집중했을지도 모른다.

산업혁명이 시작되면서 생산과 교환의 규모 그리고 인
간 간의 커뮤니케이션 범위가 유례없이 확장되던 시대, 극단
적인 탐욕과 이기심의 충돌로 세상이 무너지지 않고 나름대
로 조화를 이루며 움직일 수 있는 까닭은 무엇이었을까? 스
미스가 고민했던 문제는 바로 그것이었을 것이다. 그 경제학
적 관심이 《국부론》에 요약되었다면, 인간의 본성과 행동에
대한 관심은 《도덕감정론》에 정리되었던 것이다. 거래 상대
에게 지나치게 감정 이입을 하지 않는 동시에 약탈하지도 않

---

* 토머스 프리드먼이 《렉서스와 올리브나무》에서 맥도널드 햄버거의 황금색 M
자형 로고가 있는 곳, 즉 맥도널드 햄버거 체인이 입점한 나라들 사이에서는 전
쟁이 일어나지 않는다고 주장한 것을 가리킨다.

는 적당한 거리 두기, 그렇게 스미스가 찾아낸 시장의 조화로
운 작동의 비결은 그러나 저절로 이루어지는 것은 아니었으
며, 그 조화를 위한 제도를 찾는 것은 결국 도덕 감정의 영역
이 아니었을까?

9명의 경제학자들

Chapter 03. 데이비드 리카도

노동이
가치를 만든다
믿었던
금융투자자

정치경제학과 경제학

고전학파 경제학 시대에는 경제학economics 대신 정치경제학political economy이라는 용어가 일반적으로 사용되었다. 경제학이 표준적인 용어로 정착한 것은 19세기 후반 신고전학파 경제학이 등장하면서부터였다. [그림 3-1]은 구글 엔그램 뷰어를 이용하여 1800년에서 2019년까지 두 단어의 사용 빈도를 조사한 것이다. 19세기 말에 두 단어의 빈도가 역전되어 이후에는 압도적으로 경제학이라는 단어가 사용되었음을 확인할 수 있다.

경제학설사의 전문 연구자에게는 이러한 현상 자체가 중요한 연구 주제이겠지만, 단순하게 이해하자면 경제학이

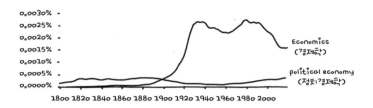

[그림 3-1] 정치경제학과 경제학의 사용 빈도

하나의 분과 학문으로 확실하게 자리 잡으면서 이루어진 변화라고 볼 수 있다. 경제 문제 자체가 독자적인 연구 대상으로 설정되면서 '정치'라는 단어가 탈락한 셈이다. 그러나 현대 경제학이 제국주의적 학문이라는 비판을 들을 정도로 좁은 의미의 경제 영역을 넘어서는 문제로까지 그 분석 기법을 확장시켜 적용하고 있음을 감안하면, 이러한 설명만으로도 개운하게 정리되지는 않는다. 어쨌거나 19세기 말까지 출간된 경제학 고전들은 대부분, 심지어는 신고전학파의 선구자들조차도 정치경제학이라는 단어를 제목으로 내세우고 있었다.

불로소득을 비판한 금융투자자

데이비드 리카도David Ricardo(1772~1823)는 고전학파 경제학

9명의 경제학자들

의 최정점에 서 있는 경제학자이다. 유대인 금융가의 아들로 태어난 그는 어려서부터 아버지의 일을 도우며 금융 실무를 익혔다. 18세기 말에서 19세기 초에 걸친 인물이므로 지금의 기준으로 판단해서는 안 되겠지만, 그는 대학을 다니지도 않았고 정규 교육을 받지도 않은 경제학자였다. 뒤에 나올 존 스튜어트 밀처럼 정교한 홈스쿨링을 통해 교양을 습득한 것도 아니었다. 그럼에도 그의 탁월한 실무 감각은 그를 최고의 경제학자이자 백만장자로 만들어주었다. 런던의 금융 중심지에서 유력한 중개인이었던 아버지 밑에서 일한 경험은 그로 하여금 아버지가 반대하는 결혼을 한 뒤에 의절하고 나서도 스스로 몸을 일으켜 엄청난 부자가 되도록 도와주었다.

마치 충분한 돈을 번 월 스트리트의 투자 은행가가 이른 나이에 은퇴하여 말리부 해안의 저택으로 들어가듯, 리카도 역시 40대에 금융 실무에서 손을 떼고 본격적으로 경제학 연구의 길로 접어든다. 대부분의 평전이나 전기가 그러하듯이 어느 정도는 과장되었겠지만, 리카도가 경제학을 공부하게 된 계기는 어느 휴양지에서 우연히 집어 든 한 권의 책 때문이었다. 그 책이 바로 애덤 스미스의 《국부론》이다. 《국부론》에서 제기된 여러 가지 주제는 리카도에 의해 계승되기도 하고 비판되기도 하면서 고전학파 경제학의 체계를 형성한다.

리카도는 신문에 논설 등을 쓰면서 다양한 경제 현안에 개입했는데, 지인인 맬서스와 벌인 곡물법 논쟁은 경제학의 역사에서도 매우 중요한 의미를 갖는다. 유럽 대륙으로부터 곡물 수입을 금지하는 조례의 존폐를 둘러싼 논쟁에서 리카도는 조례 폐지를 주장했다. 값싼 곡물이 수입되면 지주 입장에서는 커다란 타격을 받겠지만, 노동자들의 실질 임금이 상승하고 산업 자본가 입장에서는 이윤 감소를 저지하는 효과를 갖기 때문이었다. 1817년에 출간된 《정치경제학과 과세의 원리On the Principles of Political Economy and Taxation》는 리카도의 대표 저작인 동시에 고전학파 경제학의 정점을 상징하는 책으로, 1821년에 나온 제3판까지 개정을 거듭했다. 특히 기계 도입이 노동자의 실업을 가져올 가능성이 있다는 점을 지적한 제31장 '기계에 관하여'는 제3판에서 추가된 것으로 마르크스의 실업 이론에도 상당한 영향을 미쳤다. 20세기의 유명한 경제학자 폴 새뮤얼슨은 마르크스를 리카도의 아류a minor post-Ricardian에 지나지 않는다고 폄하한 바 있다. 사실 마르크스는 고전학파 경제학 내부의 아웃사이더로서 자본주의 시스템 자체에 대한 철저한 비판자였지만, 리카도가 다룬 문제들의 어떤 부분은 받아들이고 어떤 부분은 비판하면서 자신의 경제학을 발전시켰다. 그 어떤 이론도 하늘 아래 새로운 것은 없는 법이므로 마르크스에 동정적인 입장에서 보더라도 새뮤얼슨의 평가가 전혀 일리 없는 것은 아니다. 어쨌거나 고전학파 경제학 시대에 리카도가 차지하는 영향력이 그만큼 크다는 뜻도 된다.

리카도는 말년에 짧은 기간이지만 하원 의원도 지냈고 나름대로 성실하게 의정 활동을 한 것으로 알려져 있다. "어려서부터 금융 실무를 익혀 금융 투자로 많은 돈을 번 다음 은퇴한 이후에는 경제학자로서 중요한 활동을 했다." 이렇게 한 문장으로 요약할 때 주는 선입견과는 다르게, 리카도는 분배 문제에 관심이 많았으며 불로소득에 대해서는 상당히 비판적이었다. 당대의 경제학이 지닌 공통의 인식 탓이기도 하겠지만, 상품의 가치는 노동으로부터 나온다는 투하노동가치론을 다듬는 것이 필생의, 그러나 끝내 이루지 못한 꿈이기도 했다. 나아가 자본주의 경제의 미래에 관해서도 장밋빛 전망보다는 매우 암울한 비전을 지니고 있었다. 인간은 다면적인 존재이지만, 이상에서 엿볼 수 있는 리카도의 모습도 다채롭기 짝이 없다. 얼핏 모순처럼 보이는 이러한 측면들이 어떻게 리카도라는 한 인간 속에서 통합될 수 있었는지를 살펴보는 것은 흥미로운 일이다.

투하노동가치론과 능력주의

《정치경제학과 과세의 원리》제1장은 '가치에 관하여'이다. 가격의 본질적 실체를 가리키는 가치value는 현대 경제학에서는 거의 사용되지 않는 개념이다. 경제학이 전개되면서 가격은 시장에서의 수요와 공급에 의해 결정된다고 설명하는 것으로 충분할 뿐 별도의 가치 개념은 필요 없다고 정리되었기 때문이다. 물론 이러한 정리는 어디까지나 주류 경제학의 관점이고 여전히 마르크스 경제학자 등을 중심으로 가격과 구별되는 실체로서의 가치를 얘기하는 경제학의 흐름도 있다. 제1장에서 설명한 것처럼 경제학적 지식이 누적적이라고 생각한다면, 이미 불필요한 개념 혹은 잘못된 개념으로 정리가 끝난 리카도의 가치 이론을 배우거나 가르칠 필요는 없어진다.

고전학파 시대의 경제학자들은 버전의 차이는 있을지언정 상품의 가치는 그 상품과 관련된 노동량에 의해 결정된다는 공통적 인식을 갖고 있었다. 푸코가 말하는 에피스테메episteme에 해당하는 것으로서 적어도 당대의 경제학자들이 상품의 가치를 설명할 때 갖는 공통적인 사고 체계, 생각의 방식에 해당하는 셈이다. 리카도는《정치경제학과 과세의 원리》

제1장 서두에 이 같은 주장의 요지를 한 문장으로 요약하고
있다.

> 어떤 상품의 가치, 혹은 그것과 교환되는 다른 어떤 상품의 양
> 은 그 생산에 필요한 노동의 상대적인 양에 의존하며, 그 노동
> 에 지불되는 보상의 많고 적음에 의존하지 않는다.*

상품의 가치는 그 상품을 생산하는 데 얼마나 많은 노동
이 들어갔는가, 즉 투하되었는가에 따라 결정된다는 뜻이므
로 이를 투하노동가치론이라고도 부른다. 만약 컴퓨터 하나
를 만드는 데 다섯 시간의 노동이 필요하고 자동차 한 대를
만드는 데는 20시간이 필요하다면, 자동차의 가치는 컴퓨터
의 가치의 4배가 된다는 의미이다.

투하노동가치론에 대해 쉽게 제기되는 질문은 두 가지
정도이다.

그중 하나가 만드는 데 노동이 전혀 필요하지 않은 상품
이 있다면 어떻게 되는가이고, 다른 하나는 생산 도구, 대표

---

* David Ricardo, *On the Principles of Political Economy and Taxation*,
  Batoche Books, 2001, p.8.

적으로 기계가 사용되는 경우 그 기계의 가치는 어떻게 계산하는가이다. 첫 번째 문제는 리카도가 《정치경제학과 과세의 원리》 앞부분에서 지적하고 있는 문제이다. 즉 독특한 품질의 와인이나 미술품 같은 경우에는 상품의 가치가 희소성에 의해서만 결정된다는 것이다. 물론 와인이나 미술품은 예외적인 경우이고 더 중요한 것은 천연자원, 대표적으로 토지처럼 자연의 산물로서 주어지는 것인데, 이 경우는 뒤에서 설명할 지대론의 영역에 속한다. 다음으로 기계 등의 생산 도구가 사용되는 경우에는 당연히 그 기계의 생산에 필요한 노동량으로 환산하여 계산해야 한다. 이 두 번째 문제는 리카도뿐만 아니라 노동가치론의 역사 전체에서 중요한 난제였으며 1960~1970년대 신고전학파 주류 경제학에 이의를 제기했던 자본 논쟁*과도 관련이 있는, 어떤 의미에서는 이론경제학 전체의 역사에서 가장 핵심적인 문제였다고 할 수 있다.

　　그런데 노동가치론이 고전학파 경제학자들의 공통적인

---

* 자본 논쟁의 핵심은 기계 등의 자본의 크기를 가격에 의거하지 않고 측정하는 방법이 있는가라는 질문에 답하는 것이었다. 신고전학파의 분배 이론에서는 자본의 가격이 자본의 물질적 생산성에 의해 결정된다고 보는데, 그것이 논리적으로 가능하려면 자본의 양을 가격과는 독립적으로 잴 수 있어야 하기 때문이다. 간단히 말해 서로 이질적인 기계, 예를 들어 선반 두 대와 컴퓨터 다섯 대를 합쳐서 자본 몇 단위라고 표현할 수 있는가라는 문제인 셈이다.

9명의 경제학자들

식이 된 이유는 무엇일까? 아주 유력한 설명 중 하나가 존 로크 등의 소유 이론의 연장선상에서 그 연원을 찾는 것이다. 예를 들어 높은 나무 위에 저절로 열려 있는 과일은 이 세상 누구의 것이라고 주장할 수 없지만, 누군가가 막대기를 만들어 와서 몇 시간에 걸친 작업 끝에 과일을 땄다면 바로 그 누군가는 과일을 자신의 것이라 주장할 수 있지 않을까? 그것은 아주 단순한 생각이지만 보통 사람들의 직관에 걸맞을 뿐만 아니라 신의 뜻을 중심으로 세상을 설명하던 세계관에서 벗어나 인간을 사고의 중심에 놓는다는 휴머니즘적 의미도 지니는 생각이다. 인간이 통제할 수 없는 외부적 요인들이 아니라 스스로 통제 가능하다고 생각되는 노동의 양이 재화에 대한 소유권을 규정하는 것이라면, 나아가 그 재화가 시장에서 거래될 때의 가치를 결정하는 것이라면, 직관적으로 알기 쉬운 동시에 공정한 것이 아닐까? 중세에서 근대로 넘어오는 과정에서 공정한 가격just price이란 무엇인가를 결정하는 것이 토마스 아퀴나스 이래 매우 중요한 경제학적 문제, 심지어는 신학적 문제였음을 생각하면, 왜 노동가치론이 제시되었는지를 이해하기 쉬울 것이다.

　　노동가치론은 각자의 능력과 노력에 따라 경제적 보상이 이루어져야 한다는 능력주의적 표상에도 부합하는 것처럼 보인다. 실제로 19세기 전반에 이른바 리카도파 사회주의자들Ricardian socialists은 노동만이 소유의 원천이라는 주장을 하기도 했다. 그러나 리카도 자신은 특정한 정파적 입장을 가졌던 것으로는 보이지 않으며, 오직 과학적 엄밀성을 가지고 소득 분배의 원리를 찾아내는 데 집중했다.

분배의 객관적 법칙

리카도는 스미스와 달리 국부가 어떻게 생산되는가보다는 사회를 구성하는 여러 계급 사이에 어떻게 분배되는가에 관심을 가졌다. 《정치경제학과 과세의 원리》의 유명한 구절은 정치경제학의 가장 중요한 문제가 분배를 결정하는 법칙을 찾는 것임을 분명히 하고 있다.

> 대지의 생물—즉 노동, 기계 및 자본의 결합된 응용에 의해서 지표로부터 끌어내는 모든 것은 공동 사회의 세 계급, 즉 토지의 소유자, 그것을 경작할 때 필요한 자재 또는 자본의 소유자 및 자신의 근로에 의해서 토지를 경작하는 노동자들 사이에 분할된다.
> 그러나 사회의 상이한 단계에서는, 대지의 전체 생산물 중에

서 지대, 이윤 및 임금의 명목으로 이들 각 계급에 할당될 비율이 본질적으로 다를 것이다. 그것은 주로 토양의 현실적 비옥도, 자본의 축적과 인구, 그리고 농업에 사용되는 숙련, 재능 및 기구들에 의존한다.

이 분배를 규제하는 법칙들을 확정 짓는 것이 정치경제학의 주요 문제이다.*

소득 분배는 어떤 사회가 불평등한가 혹은 불공정한가의 여부를 결정짓는 주요인이다. 사실 정치권력의 배분이 평등하거나 공정하다는 것, 즉 모든 시민이 어느 정도 대등한 권리를 갖고 사회의 중요한 의사 결정에 참여할 수 있다는 것은 민주주의의 핵심이다. 그렇지만 경제적 측면에서의 민주주의는 일상적으로는 더 중요한 의미를 지닐 수 있다. 최고 권력을 함부로 비판할 수 없는 사회에서 시민들은 숨 막히는 일상을 보내야 하지만, 극도로 불평등하거나 불공정한 소득 분배가 이루어지는 사회에서는 그 일상조차도 유지되기 어렵다. 정치적 민주주의가 꽤 높은 수준으로 달성되더라도 경

---

*   D. 리카도, 《정치경제학 및 과세의 원리》, 정윤형 역, 비봉출판사, 1991, p.69. 뒤에 나오는 쪽수는 이 번역본의 페이지를 따른다.

제적 민주주의가 열악한 수준에 있으면 그 사회는 유지되기 힘들다. 반대로 경제적 풍요와 평등이 어느 정도 보장되면 독재 정권도 의외로 오랫동안 지속될 수 있다.

그런데 소득 분배의 공정성 여부를 결정짓기 위해서는 객관적 기준이 있어야 한다. 사람들은 누구나 자신의 성공이 자신의 능력이나 노력의 결과라고 정당화하는 심리적 기제를 갖추고 있어, 주관적 기준으로는 분배의 불평등이나 불공정을 판단하기가 힘들기 때문이다. 리카도는 노동가치론에 근거하여 분배의 법칙을 찾고자 노력했다. 이미 산업혁명이 거의 끝나가던 시기의 영국을 살았던 그에게 국부의 원천이 노동이라는 스미스의 명제는 그다지 새로울 것이 없었다. 예의 '기계에 관하여'라는 장을 삽입하면서 덧붙인 "기계가 사회의 상이한 계급들의 이해에 미치는 영향에 관한 약간의 연구"(p.469)라는 리카도의 설명은 애덤 스미스의 《국부론》을 물들였던 분업의 노동생산력 증가라는 낙관적 색채보다는 훨씬 더 심각한 인상을 준다. 기계를 도입함으로써 노동생산력이 증가하면 경제가 성장할 것이라는 담론을 넘어 그 영향이 계급마다 다르다는 점, 특히 노동자 계급에게는 실업의 위협으로 다가올 수 있다는 점을 지적하기 때문이다. 어쩌면 리카도가 스미스와는 달리 산업혁명의 진전에 따라 노동자 계급이 형성되고, 열악한 노동 환경이나 자본 권력의 문제 등이 부각되기 시작하던 시기를 살았던 탓도 있을 것이다. 리카도가 종종 자본주의에 대한 비판적 맥락에서 독해되는 까닭도 여기에 있다.

불변의 가치 척도를 찾아서

분배의 법칙을 찾는 중요한 도구로서 리카도가 평생에 걸쳐 탐구한 것이 불변의 가치 척도invariable measure of value였다. 그가 죽던 해인 1823년에도 〈절대 가치와 교환 가치〉라는 미완성 논문을 남길 정도였다.

불변의 가치 척도라는 아이디어는 단순하고도 명쾌한 것이었다. 예컨대 우리가 사람의 키를 정확히 측정하려면 길이에 대한 객관적인 기준이 있어야 한다. 내 키를 잴 때의 1센티미터가 친구의 키를 잴 때는 2센티미터로 둔갑한다면 두 사람의 키를 측정하여 비교한다는 것은 불가능하며 무의미한 일이기 때문이다. 상품의 가치를 노동 시간으로 측정한다면 시계로 측정되는 한 시간은 이미 객관적으로 정의되어 있기 때문에 문제없다고 생각할지도 모른다. 그런데 상품은 노동만으로 생산하는 것이 아니고 과거 노동의 산물인 기계 등의 고정 자본이 이용되는 것이 일반적이므로 여전히 문제가 남는다. 사실 이 문제 때문에 스미스는 《국부론》에서 순수한 투하노동가치론은 원시 사회early and rude state of society에서만 성립된다고 주장했던 것이다. 만약 모든 상품이 똑같은 비율의 노동과 자본을 사용하여 생산되는 것이라면, 자본 때문에 생기는 문제가 상쇄된다. 모든 산업에서 똑같이 왜곡 효과가 작용하므로 상품 가치의 비율, 즉 상대 가치에는 영향이 없다고 보아도 되는 것이다. 그러나 현실에서는 당연히 그렇지 않기 때문에, 상품의 가치를 투하노동량으로만 설명하는 데에는 한계가 있다.

더구나 노동이 가져가는 임금과 자본이 가져가는 이윤의 상대적인 몫, 즉 분배가 변화함에 따라 상품의 가치(가격)에 미치는 영향이 서로 달라진다는 문제가 발생한다. 경제 전체적으로 임금이 일정 비율만큼 올랐다고 하자. 모든 산업에서 당연히 인건비 부담은 증가할 것이다. 그런데 상대적으로 자본의 비중이 높은 산업, 즉 노동의 비중이 낮은 산업에서는 반대로 노동의 비중이 높은 산업에 비해 인건비 상승으로 인한 부담이 작을 것이다. 각 산업에서 생산한 순 생산물, 즉 총 생산물에서 투입된 원료나 재료 등을 제외하고 남은 몫은 크게 보아 노동의 소유자인 노동자와 자본의 소유자인 자본가 사이에 분배된다. 따라서 각 산업에서는 임금 상승분만큼 더 많은 임금을 지불하고 나면, 그 나머지, 즉 자본가가 가져갈 이윤의 양은 상대적으로 줄어든다. 그러나 노동의 비중이 상대적으로 낮은 산업이라면 노동의 비중이 상대적으로 높은 산업에 비해 이윤의 양은 덜 줄어들 것이다. 그런데 모든 산업 간에는 이윤율이 같아야 한다. 만약 어떤 산업이 다른 산업보다 더 높은 이윤율을 얻는다면, 자본가들은 자신의 자본을 이 산업에 투입하려 할 것이다. 그렇게 되면 이윤율이 높은 산업에서는 더 많은 자본이 들어와 공급이 늘어날 것이고 결국에는 가격이 하락할 것이다. 물론 그사이 자본이 빠져나온 산업에서는 공급 감소로 말미암아 가격이 상승할 것이다. 결국 경제학자들이 말하는 장기 균형 상태, 즉 시간이 충분히 지나 더 이상 움직일 유인이 없어지는 상태가 되면, 모든 산업의 이윤율은 같아질 것이다. 지금 설명한 이 조건들을 동시에 만족하려면 상대적으로 노동의 비중이 높은 산업의 생산물 가격은 상승해야 하고, 상대적으로 자본의 비중이 높은 산업의 생산물 가격은 하락해야 한다. 여기에서 주목할 것은 임금이 오르고 이윤이 줄어들었을 뿐임에도 상품의 가치에 변화가 생겨난다는 점이다. 이미 생산된 결과물을 나눠 갖는 것에 지나지 않는 분배 비율의 변화, 즉 임금과 이윤의 상대

몫의 변화가 분배되는 대상의 크기 자체에 영향을 미치는 셈이다.

이상의 결론을 간단한 우화로 설명해보겠다. 순 생산물의 분배를 노동자와 자본가가 피자 한 판을 나눠 갖는 게임으로 생각하면, 서로 나눠 갖는 비율이 어떻게 결정되든 간에 피자 한 판은 피자 한 판일 뿐 피자의 양이 늘거나 줄어들일은 없을 것이다. 그런데 앞서의 설명에 따르면, 임금이 올랐을 때(즉 노동자가 더 많은 피자를 가져갈 때) 어떤 산업에서는 피자(순 생산물)의 크기가 커지고 다른 산업에서는 작아지는 역설이 생긴다. 리카도는 이 때문에 노동이 자신이 찾는 불변의 가치 척도로서 완벽하지 않다는 문제에 부딪혔던 것이다. 리카도는 "임금의 상승에 의해 이들 재화의 상대 가격에 생길 수 있는 최대의 영향이라도 6 내지 7퍼센트를 넘지 못할 것"(p.98)이라는 어정쩡한 결론으로 타협할 수밖에 없었다.* 이 문제는 마르크스를 거쳐 20세기의 피에로 스라파에 이르기까지 고전학파적 전통의 분배 이론에서 매우 중요한 문제로 남아 있었다.

---

* 리카도가 왜 굳이 6 내지 7퍼센트라고 꼭 집어 말했는지도 경제학설사 연구자들에게는 중요한 연구 주제 중 하나였다. 아마도 리카도 자신이 체감하기에 당시 영국의 산업들에서 자본과 노동 비율의 상대적 격차가 가져오는 오차가 그정도였을 것이라 짐작해볼 수 있다.

지대는 불로소득이다

리카도는 노동가치론에 대한 첫 번째 질문, 즉 생산하는 데 노동이 전혀 필요하지 않기 때문에 오직 희소성에 의해서만 가치가 결정되는 상품과 관련하여 지대rent 이론을 제시했다.* 희소성에 의해서만 가치가 결정된다는 것은 사실상 수요만이 가치를 결정한다는 것을 의미한다. 이를 그림으로 설명해보도록 하자. [그림 3-2]에서 공급 곡선은 수직선 모양을 하고 있다. 수직선이라는 것은 주어진 생산량에서 벗어나는 것이 불가능하다는 의미가 된다. 예를 들어 피카소의 그림은 인위적으로 공급량을 조절할 수 없다. 피카소는 이미 오래전에 죽었기 때문이다. 그러나 죽은 무명 화가의 그림에 비해 피카소의 그림에 대한 수요가 많기 때문에 천문학적 수준의 가격으로 팔리는 것이다. 그림에서 수요 곡선이 D_1이면 가격이 P_1으로 결정되지만, 수요가 늘어나 D_2가 되면 가격은 P_2로 상승한다. 그런데 가격 상승 과정에서 생산자가 실제로 들인 노력은 전혀 없기 때문에, 노동은 물론이거니와 그 어떤 객관

---

* 지대는 글자 그대로 풀이하면 땅을 빌려주고 받은 수수료를 가리키지만, 현대 경제학에서는 그 의미가 점점 확장되어 인간이 마음대로 통제할 수 없는 모든 자산의 사용에 대한 대가를 가리키는 개념이 되었다.

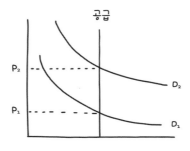

[그림 3-2] 희소성에 의한 가격 결정

적인 노력의 정도에 의해 가격$^{(가치)}$을 설명할 수 없는 것이다.

리카도는 토지에 이러한 논리를 적용하여 이른바 차액지대 이론을 제시했다. 차액지대$^{differential\ rent}$는 토지의 비옥도 때문에 생겨나는 차이에 주목한 개념이다. 리카도는 주로 농업 생산에 대해 설명했지만, 현대의 독자에게 더 친숙한 도시지대를 예로 들어 설명해보겠다. 어떤 도시 안에 똑같은 수준의 노동과 자본으로 똑같은 품질의 커피를 만들어내는 카페가 여럿 있다고 하자. 마치 유명한 프랜차이즈 카페들처럼 메뉴는 물론 인테리어에 이르기까지 거의 완벽하게 동일한 조건을 갖추었다고 가정하는 것이다. 그런데 카페 A는 유동인구도 많고 가장 번화한 자리에 위치해 있고, 카페 B와 C는 순서대로 목이 안 좋은 곳에 위치해 있다고 하자. 만약 사회 전체의 평균 이윤율이 5퍼센트라면, 이 카페들이 모두 살아 남기 위해서는 가장 불리한 위치에 자리 잡은 카페 C에 최소 한 5퍼센트의 이윤이 보장되어야 한다. 그런데 그 경우 카페 A와 B는 매상이 더 많기 때문에 더 많은 이윤을 얻을 것이다. 사실 이 두 카페는 좀 더 높은 가격을 받을 가능성도 있다. 어 쨌거나 [그림 3-3]에서 보듯이 카페 C가 얻는 매상보다 카페 B의 매상이 더 많고 그보다는 카페 A의 매상이 더 많다. 그림 에서 막대의 높이는 매상을 나타내고 밑변은 각 카페의 자본 투자액을 나타내는데 세 카페 모두 똑같은 조건이라고 가정 했으므로 그 길이가 같도록 그려져 있다. 빗금 친 부분은 각 카페가 얻는 초과 수익을 나타낸다.

문제는 카페를 운영하기 위해서는 공간이 필요하다는

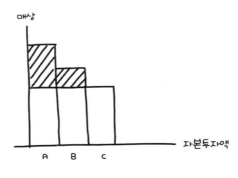

[그림 3-3] 차액지대의 발생

것이다. 만약 A가 입주한 상가 건물의 소유자, 즉 지주가 이 사실을 안다면 임대료를 올리려 할 것이다. 지주의 논리는 명확하다. 똑같은 조건으로 C의 위치에서 카페를 운영할 때 올릴 수 있는 수익보다 더 많은 수익을 얻은 것은 내가 제공한 건물의 입지가 좋기 때문이라는 것 이외에는 설명할 도리가 없다. 따라서 그 차액에 해당하는 이윤만큼 임대료를 더 받아야겠다는 것이다. 마찬가지로 카페 B의 건물주도 임대료 인상을 요구할 것이다. 이렇게 해서 평균 이윤보다 높은 이윤은 임대료, 즉 지대^(렌트)로 귀속된다. 그런데 이 렌트는 여러 가지 우연적 요인 때문에 해당 건물이 목 좋은 위치에 있어 생겨난 것일 뿐 건물주의 노력과는 아무 상관 없는 불로소득이다.

물론 이와 같이 차액지대가 발생하려면 [그림 3-2]에서 보듯이 적정 수준의 수요가 보장되어야 한다. 문제의 도시에서 카페 하나만으로도 커피 수요를 다 충족할 수 있다면, 즉 커피에 대한 수요가 충분히 크지 않다면 카페 B나 C는 불필요하고 시간이 지나면 영업을 중단할 것이다. 그러나 반대로 도시의 인구가 점점 늘고 시민들이 커피를 점점 더 많이 마시게 되면 세 개의 카페로도 커피 수요를 충족하는 것이 어려워질 수 있다. 그렇게 되면 C보다 목이 안 좋은 위치에 새로운 카페 D가 생겨날 것이다. 카페 D도 살아남기 위해서는 평균 이윤만큼의 수익을 올려야 하므로, 이제는 카페 C도 초과 수익을 얻게 될 것이다. 그러나 이 경우에도 결국 시간이 지나면 그 이윤은 건물주에게 렌트로 지급될 것이다. 요컨대 인구가 증가하고 사회적 수요가 늘어남에 따라 사회 전체적으로 지대의 양은 점점 늘어나게 된다. 이는 사회 전체적으로 불로소득이 점점 늘어난다는 뜻이기도 하다. 노동가치론의 관점에서 보면, 이론적으로는 경제 전체에서 투하노동량으로 설명하기 힘든 부분이 더 많아진다는 의미도 되지만, 무엇보다 정당한 소유권을 인정받을 수 있을지 의심스러운 소득이 더 많아진다는 의미이기도 하다.

차액지대 이론에서 또 하나 눈여겨볼 것은, 그것이 한계 원리에 기초하고 있다는 점이다. 투하노동가치론은 상품의 가치를 그 생산에 필요한 평균적인 노동량으로 정의하기 때문에 본질적으로는 평균 원리에 근거를 두고 있다.* 그런

---

* 평균과 한계는 산술적으로도 쉽게 설명할 수 있다. 매주 보는 시험에서 지금까지 두 번 모두 60점, 따라서 평균 점수가 60점인 학생이 이번 주 시험에서는 90점을 얻었다고 하자. 이 학생의 평균 점수는 70점이 되지만 한계 점수는 90점이다. 한곗값이 평균값보다 크기 때문에, 이번 주 시험 결과 이 학생의 평균 점수는 상승했다. 반대로 한곗값이 평균값보다 작을 경우, 즉 이번 주 점수가 30점밖에 안 된다면 평균 점수는 50점으로 하락하게 된다.

9명의 경제학자들

데 노동생산물이 아닌 토지와 관련된 지대 이론에서 그 생산물의 가격은 가장 열악한 토지, 즉 한계지에서의 가격에 의해 결정된다. 만약 우등한 토지와 열등한 토지의 평균값으로 생산물 가격이 결정된다면, 한계지는 평균 이윤을 얻을 수 없으므로 경작을 중단할 수밖에 없고, 그렇게 되면 사회적 수요를 온전히 충족할 수 없기 때문이다. 한계적인 토지라는 뜻도 되지만 인간 행동의 원리를 한계적 변화에 의해 설명하는 원리로도 통한다. 오랫동안 연애해온 커플이 계속 사귈 것인지 아니면 헤어질 것인지를 고민하고 있다고 하자. 합리적인 행동 원리는 지금 이 순간부터 계속 관계를 유지할 때 발생하는 편익과 비용만 비교하는 것이다. 만약 편익이 크다면 관계는 지속해야 할 것이고, 비용이 크다면 헤어져야 한다. 그러나 우리는 삶을 살아가면서 반드시 그렇게 행동하지는 않는다. 지난 세월 서로에게 쌓인 추억, 경제학적으로 말하면 그동안 얻었던 편익, 반대로 들였던 비용의 아까움 같은 것을 생각하며 미적거린다. 물론 이런 모습이 더 인간적인 듯도 하지만 합리적인 의사 결정은 아니다. 19세기 말 이후 성립한 신고전학파 경제학에서는 이와 같이 인간 행동 전반의 의사 결정 원리로서 한계 원리를 내세웠다. 경제학 교과서를 처음 읽으면 매우 비인간적으로 느껴지는 까닭도 여기에 있다. 인간

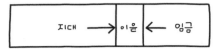

[그림 3-4] 리카도의 이윤율 저하

은 때에 따라서 비합리적일 수 있음을 주장하는 행동경제학 서적들이 특히 대중적으로 인기 있는 이유이기도 하다. 어쨌거나 리카도는 비록 지대 이론에 국한된 것이지만 한계 원리의 대강을 제시했고, 이후 경제학의 역사에서 그것은 중요한 역할을 한다. 재미있는 점은 리카도가 상품을 두 종류, 즉 그 가치가 희소성에 의해 결정되는 것과 노동량에 의해 결정되는 것으로 구분하고 후자에 집중했지만, 19세기 후반의 신고전학파 경제학에서는 전자가 전면에 부각되었다는 사실이다. 요컨대 리카도가 부차적으로 취급했던 이론들이 현대 경제학에서는 중심적인 요소가 된다. 그러므로 리카도는 어떤 의미에서는 현대의 주류 경제학의 조상이라고도 할 수 있다. 만약 경제학의 역사를 경제학자들 사이의 계승 및 비판 관계에 주목하여 가계도처럼 그린다면, 리카도는 왼쪽에는 노동가치론을 통해 마르크스, 오른쪽에는 지금의 주류 경제학의 선조 자리에 위치하는 셈이다.

우울한 학문으로서의 정치경제학

순 생산물이 분배되는 몫을 크게 셋으로 분류하면 노동자의 임금과 자본가의 이윤 그리고 지주의 지대가 된다. [그림 3-4]에서 막대 모양이 순 생산물 혹은 부가가치라고 하면, 그것은 임금과 이윤, 지대의 합계와 같다. 그런데 경제가 성장하고 인구가 증가함에 따라 지대는 점점 늘어난다. 경제 성장을 위해서는 자본 축적도 필요하지만 노동의 고용도 늘어나야 한다. 물론 인구 증가에 따라 노동 공급이 증가하면서 일자리를 얻기 위한 노동자들 사이의 경쟁도 치열해져 1인당 임금 자체는 크게 오르지 않을 것이다. 그러나 고용이 늘어나는 규모에 비례해 임금지불액은 증가할 것이다. 결국 그림에서 임금과 지대가 늘어나면 그 나머지인 이윤은 점점 줄어들 수밖에 없다. 특히 지대의 증가는 멈출 수 없는 경향이므로 이윤은 결국 0으로 떨어지고, 마침내 자본가로서는 더 이상 축적할 유인이 없어지고 만다. 마치 거의 다 쓴 치약을 아래쪽에서부터 밀어 짜듯이 이윤은 압착될 것이다. 노동자들이 받는 임금도 간신히 생계를 유지하기에 급급한 정도의 수준에 머무를 것이고 더 이상 자본 축적도 경제 성장도 없는 정체된 상태에 이를 것이다.

리카도는 이렇게 불로소득인 지대의 존재로 인해 장기적으로는 성장이 멎는 정체 상태stationary state가 될 것이라 생각했다. 토머스 칼라일이 처음 사용했다는 "우울한 학문dismal science"이라는 말은, 칼라일이 원래 사용했던 의도와는 무관하게, 이와 같이 암울한 장기적 전망을 가리키는 의미로 쓰였다. 고전학파 정치경제학자들 사이에서 리카도처럼 장기적으로 자본 축적과 경제 성장이 정체될 것이라는 전망이 널리 퍼져 있었기 때문이다. 흥미로운 사실은 고전학파 시대 이후에도 레옹 왈라스나 존 메이너드 케인스 등의 위대한 경제학자들이 약간씩 버전을 달리하면서 비슷한 주장을 펼쳤다는 점이다. 그 원인이 무엇이든 간에 경제 성장이 무한정 지속되는 것은 아니라는 생각은 특히 짧은 기간 동안 압축적 고도성장을 달성하여 경제 성장에 대한 기대 수준이 높은 한국 사회에 시사하는 바가 크다. 주로 관변 경제학자들이 만들어내고, 정치가들이 확대 재생산하는 성장률 담론이 적어도 일정 수준 이상의 경제 성장을 이룩한 사회에서는 사실상 실현 불가능하다는 것을 의미하기 때문이다. 많은 위대한 경제학자들이 정체 상태적 비전의 근거로 삼았던 제각기 다른 이유에 대해 생각해보는 것도 매우 의미 있는 작업이다. 리카도에게 있어 그것은 인간이 마음대로 통제할 수 없는 토지의 양 그리고 그로 말미암은 불로소득의 증대 때문이었다.

자유무역은 약자에게도 이익이다

리카도가 현대 경제학이나 대중적 저술에서 소환되는 거의 유일한 주제는 자유무역의 이익을 설명한 비교우위론의 창시자로서다. 스미스는 교환하는 성향을 인간의 본성으로까지 취급했지만, 일상생활에서 쉽게 알 수 있듯이 모든 교환은 양쪽 당사자에게 적어도 심리적으로 이득이 될 요소가 있어야 가능하다. 인터넷 사이트에 중고 물품을 올리고 직접 만나 거래하는 현대판 물물 교환에서도 나는 더 이상 절실하게 필요하지 않은 물건을 팔아 돈을 얻는 이익을 취하고, 상대방은 새 제품을 사기보다는 필요한 물건을 싼값에 구입하는 이익을 취한다. 나와 상대방 간의 속셈이 맞아떨어질 때 비로소 거래가 이루어질 수 있다. 사실 인간의 의도나 그 의도를 나타내는 말보다 행동이라는 결과가 더 신뢰할 만한 경우도 많다. 그러므로 행동에 초점을 맞춘다면, 교환 거래가 이루어졌다는 사실은 양쪽 모두에게 이익이 되었기 때문이라고 해석할 수도 있다. 그렇다면 모든 교환 거래는 강제나 협박에 의한 것이 아니라면 거래 당사자 누구에게나 좋은 것이 아닐까? 교환의 순간에만 초점을 맞추면 이러한 주장은 타당하다. 그런데 내게는 여전히 필요한 물건이지만 경제적 궁핍 때문에 더 필요한 물건, 예를 들어 쌀 같은 생필품을 살 돈을 마련하기 위해 어쩔 수 없이 팔아야 하는 경우라면 얘기가 복잡해진다. 지하철역 앞에서 거래 상대를 만나 물건을 넘겨주고 돈을 받는 순간에는 분명 내게도 이득이 있다. 그러나 그 순간까지 갈 수밖에 없었던 사정, 즉 구조의 문제를 감안하면 흔쾌히 이득을 보았다거나 본성에 걸맞은 교환이었다고 말하기엔 찜찜한 구석이 있는 것이다. 자유로운 거래, 더 일반적으로 자유롭게 경쟁하자는 주장은 본질적으로 강자의 논리이다.

국민 국가 사이의 교역, 즉 무역인 경우 사정은 더욱 복잡해진다. 어쩔 수 없이 끼어드는 민족주의나 국가주의적 사고방식은 말할 것도 없거니와 국가 간의 정치경제적 힘의 격차는 개인 간 거래보다 구조의 문제가 더 작동하는 것으로 느껴지기 때문이다. 리카도의 비교우위론은 심지어 노동생산력이 모든 산업에서 다른 나라보다 떨어지는 나라도 무역에 참가함으로써 이득을 얻는다는 것을 단순명쾌한 논리로 입증한다. 사실 그 논리는 스미스가 강조한 분업의 이익을 국가 간으로 확장하여 적용한 것이라 할 수 있다. 두 나라가 모

9명의 경제학자들

든 재화를 다 만들기보다는 각자 조금이라도 더 잘 만드는 것만을 집중해서 만든 다음 서로 교환하면 세계 전체적으로 이익이 된다는 것이다. 그런데 만약 어느 한 나라가 다른 나라에 비해 모든 재화를 더 잘 만드는 상황이라면 어떻게 될까? 대중의 직관과는 달리, 그 나라는 조금이라도 더 잘 만드는 재화 생산에 집중하고, 상대국은 조금이라도 덜 못 만드는 재화 생산에 집중하여, 서로 교역하는 것이 두 나라 모두에 이익이 된다. 그렇게 집중함으로써 국가 단위로는 생산량이 더 늘어날 것이기 때문이다.

《정치경제학과 과세의 원리》는 영국과 포르투갈이 와인과 직물이라는 두 상품을 교역하는 것을 예로 든다. 19세기 초반에 이미 영국은 가장 먼저 산업혁명을 수행하여 '세계의 공장'으로 향해 가고 있었다. 그런데 리카도는 포르투갈이 두 가지 재화 생산에서 모두 영국보다 노동생산력이 높은 것으로 가정한다. 이 때문에 리카도가 영국 자본주의의 이익을 옹호하기 위한 의도를 가지고 있었다는 음모론에 가까운 주장을 펴는 이들도 있었다. 물론 단순한 예시를 너무 진지하게 받아들일 필요는 없다. 그렇지만 국가 간 교역의 역사는 자유무역이라는 외관을 띠면서도 그 배후에는 복잡한 정치적 역학 관계가 숨어 있는 경우가 많았다. 특히 제국주의 시대의 경험은, 예의 민족주의적 감성까지 결합되면, 도대체 어디까지가 자유무역이고 어디서부터가 수탈인지 가리는 것이 무의미할 정도로 교환의 이익과 약탈적 착취가 뒤섞여 있는 것이 일반적이었음을 말해준다. 더구나 비교우위론은 국가 단위에서의 이익이 발생함을 설명하는 이론일 뿐, 모든 국민과 모든 계층이 이익을 본다고 주장하는 것은 아니다. 리카도의 예시처럼 포르투갈이 와인만 생산하고 직물 생산을 중단한다면, 직물 산업에 종사하는 노동자들은 일자리를 잃게 될 것이다. 이들이 아무런 마찰 없이 바로 와인 산업으로 옮아가 일자리를 얻는다거나, 아니면 와인 산업이 무역을 통해 얻은 이익을 분배받을 수 있다면, 포르투갈 전체로는 분명 이득이 될 것이다. 그러나 쉽게 짐작할 수 있듯이, 그와 같은 일은 좀처럼 일어나지 않을 뿐만 아니라 엄청난 사회적 비용을 유발하는 정치적 메커니즘을 거쳐야 한다.

이길 수밖에 없는 싸움

리카도는 영국 자본주의가 한창 꽃피던 시대를 살면서 동시에 고전학파 정치경제학의 정점에 다다른 인물이었다. 그는 지인이자 논적인 맬서스와 곡물법 논쟁을 벌이며 새롭게 떠오르는 산업 자본 편에 서서 지주의 불로소득을 공격했다. 자유무역을 뒷받침하는 정교한 논리를 제공함으로써 피어오르는 영국 자본주의에 날개를 달아주기도 했다. 어떤 의미에서 그는 시대정신에 맞는 입장을 취했다. 요컨대 그는 적어도 사후적으로 보면 이길 수밖에 없는 싸움을 했던 것이다. 비록 비중이 작은 예외로 치부했지만, 상품 가치가 희소성만으로도 결정될 수 있다는 그의 언급은 1870년대 신고전학파 경제학의 등장과 함께 고전학파의 노동가치론을 대체하는 희소성가치론의 실마리가 되기도 했다. 차액지대를 설명하는 과정에서 사용한 한계적 논리는 바로 신고전학파 경제학의 핵심 원리를 이루는 것이었다. 동시에 투하노동가치론은 마르크스로 이어지면서 급진적 정치경제학의 주요 이론을 구성하게 되었다. 불변의 가치 척도에 대한 고투는 1960년대 그의 전집 편집자이기도 했던 피에로 스라파를 통해 신고전학파 경제학과의 건곤일척의 싸움인 자본 논쟁의 실마리가 되기도 했다. 그렇게 리카도는 경제학의 역사에서 그 이후의 수많은 갈래를 예비하는 시발점에 놓여 있었다.

불로소득의 상징처럼 여겨지는 금융업에 뛰어들어 백만장자가 된 리카도가 노동만이 가치를 창조한다는 이론을 만들어낸 것은 정말 아이러니하다. 그의 노동가치론이 "노동만

이 가치를 만들어낸다"는 이론이 아니라 가치를 노동으로 측
정하거나 나타내려 했을 뿐이라고 생각할 수도 있을 것이다.
아니면 '리무진 리버럴'이나 '캐비아 좌파'의 19세기 버전이라
생각할 수도 있다. 그러나 리카도의 목표가 객관적이고 과학
적으로 분배의 법칙을 밝히는 데 있는 것이었다면, 굳이 그
의 정치적 성향이나 재산 상태가 입길에 오르내릴 필요는 없
을 것이다. 어쩌면 경제학자의 삶의 궤적과 그 안에서 형성
된 온갖 경험치와 정치적 견해, 심지어는 편견이나 선입견조
차도 그의 사상에 영향을 미칠 수밖에 없다는 것, 이를 부정
하고 마치 진공 상태의 사물을 관찰하듯 경제 이론이 형성된
다고 보는 것은 너무 순진할 뿐만 아니라, 때로는 위험한 생
각일지도 모른다.

**모든 아들은
아버지를
딛고 일어선다**

존재와 의식의 동학

인터넷에서 한때 즐겨 인용되던 "생각하는 대로 살지 않으면 사는 대로 생각하게 된다"라는 문장이 있다. 스스로 생각하면서 줏대를 갖고 살아야 한다는 뜻인 듯싶다. 그런데 이미 150년도 더 전에 마르크스는 "의식이 존재를 결정하는 것이 아니라, 오히려 사회적 존재가 의식을 결정한다"는 유명한 명제를 남겼다. 인간은 주체적인 존재이지만 그 주체성이라는 것도 매일 만나는 사람들과 사건들을 통해 만들어지는 것이다. 내가 어떤 입장을 가진 사람들과 만나 생각을 나누는가에 따라 내 생각도 형성되고, 거꾸로 나와 비슷한 생각을 가진 사람들하고만 주로 만남으로써 그 생각을 강화하기도 한다. 마르크스의 명제는 인간이 자신의 물질적 삶을 유지하는 방식이 생각까지 규정한다는 뜻이다. 이는 비단 어느 개인뿐만 아니라 역사 발전의 단계 속에 위치하는 사회 그 자체가 갖는 집단적 의식까지도 가리키고 있다. 노예가 합법적으로 존재하는 사회에서는 그에 걸맞은 사회적 합의와 상식이 지배할 것이고, 자본주의적 시장 경제에서는 또 그에 맞는 이데올로기가 지배하게 되는 것이다.

자신이 어떤 계층 혹은 계급 출신인가에 따라 사회의 변화 방향 같은 거시적 문제에 대한 견해는 물론 취미나 패션 등의 개인적 취향까지도 달라진다는 것은 굳이 부르디외 같은 사회학자의 통찰이 아니어도 한국 사회에서 이미 일상적으로 체험할 수 있는 현실이 되었다. 귀족 사회의 전통을 지닌 영국이라면 아마도 우리로서는 상상할 수 없을 만큼의 차이, 이를테면 특정 음절의 발음 방식에 이르기까지 확연히 드러나는 다양한 지표를 갖게 된다.

이번 장에서 다루려는 두 사람의 고전학파 경제학자, 맬서스와 밀은 유복한 환경에서 자랐고 각자의 방식으로 존재와 의식의 복잡한 관계에 대해 생각하도록 만들어주는 삶을 살았다. 물론 잊지 말아야 할 주의 사항 하나. 18~19세기에 대학을 다니고 학자가 된 사람이라면, 그 자체만으로도 사회

9명의 경제학자들

경제적 위계 속에서 꽤 높은 자리에 있었을 수밖에 없다. 의식과 존재의 관계 운운하는 일 자체가 많은 경우 지식인들 사이에서만 통용되는 것일 수도 있다. 제2차 세계대전 이후 최근까지 선진국들의 정치적 변화가 결국은 보수적인 상인 우파와 진보적인 브라만 좌파^(한국식으로 표현하면 강남좌파)의 대립이자 그들 간의 권력 주고받기라는 토마 피케티의 예리한 분석*은 이를 잘 보여준다.

시대의 흐름을 거슬러: 맬서스

토머스 로버트 맬서스^{Thomas Robert Malthus(1766~1834)}는 교양을 갖춘 지주 집안에서 태어나 부유한 삶을 살았다. 특별히 '교양을 갖춘'이라고 설명되는 까닭은 그의 아버지가 당대 유명한 학자들과도 교분을 나눌 정도의 박식한 인물이었기 때문이다. 뿐만 아니라 맬서스의 아버지는 그 당시 기준으로 꽤 리버럴^(진보적)한 인물이었다. 맬서스는 지금도 사회 교과서에 등장하는《인구론》의 저자로 기억되는데, 그 서문의 첫 문장은 "이 에세이는 한 친구와의 대화에서 비롯된 것이다"라

---

* 토마 피케티, 《자본과 이데올로기》, 안준범 옮김, 문학동네, 2020.

는 구절로 시작한다. 여기에서 말하는 '한 친구ª friend'는 바로
자신의 아버지를 가리킨다. 요컨대 당시 유럽 대륙으로부터
영국으로 들어온 진보적 사상*을 알려주려 했던 아버지의 노
력은 오히려 매우 보수적인 사상가를 만들어냈다. 대체로 급
진적인 변화가 있는 시기, 이를테면 한국의 1980년대에 보수
적인 아버지와 진보적인 아들의 갈등은 흔히 마주치는 에피
소드이지만, 맬서스 부자의 경우에는 반대였던 셈이다. 예의
존재와 의식의 변증법적 동학이라는 관점에서 보면, 맬서스
의 출신 성분이 유복한 지주였다는 사실은 다시금 그의 보수
적 성향에 개연성을 부여해준다. 그런 이유로 어쩌면 흥미를
갖고 설명되어야 할 쪽은 맬서스가 아니라 그의 진보적인 아
버지일 수도 있겠다.

　　케임브리지 대학에서 공부한 맬서스의 가장 주된, 즉 오
랜 기간에 걸친 직업은 성공회 목사였다. 그는 1805년에 동
인도 회사가 인도에 파견할 직원들의 교육을 위해 세운 칼리

---

* 맬서스 자신이 밝힌 바와 같이, 이때 아버지와 토론했던 에세이는 영국의 급진
적 사상가 윌리엄 고드윈이 쓴 것이었다. 고드윈은 여성 운동가인 메리 울스턴
크래프트와의 사이에서 딸 메리를 낳았고, 메리는 어린 나이에 아버지의 추종
자이자 유부남이었던 유명한 시인 퍼시 셸리와 사랑의 도주를 감행하였으며 소
설 《프랑켄슈타인》을 쓴 것으로 유명하다.

지에서 영국 최초의 정치경제학 교수가 되기도 했다. 제2장
의 [그림 2-1]이 묘사하는 고전학파 경제학의 포물선으로 보
자면, 맬서스는 그 꼭짓점인 리카도의 시대를 살았고 실제로
리카도와 많은 논쟁과 편지를 주고받았던 '친구'였다. 그럼에
도 맬서스는 경제학자로서는 과소평가되었는데, 강렬한 인
상을 남긴 《인구론》의 잔상 탓이기도 하겠지만, 여러 가지 측
면에서 고전학파의 주류인 리카도 등과는 이질적인 주장을
하는 일종의 아웃사이더였던 탓도 크다. 사실 그가 1820년에
출간한 《정치경제학 원리Principles of Political Economy》는, 원래 고전
이 잘 읽히지 않는 책이라는 점을 감안하더라도, 거의 읽히지
않는 책이다.

맬서스의 이론적 입장은 이미 산업혁명이 완성되어 새
로운 시대가 도달한 시점에서 떠오르는 계급인 산업 자본가
나 노동자 계급에 적대적인 태도를 취하면서 지는 해인 지주
계급의 이익을 옹호하는 역할을 수행했다. 한마디로 맬서스
는 질 수밖에 없는 싸움을 하고 있었던 셈이다. 그럼에도 맬
서스를 단순히 철 지난 기득권의 이익을 옹호한 보수주의자
였다고 보기보다는 무언가 스스로 깨닫고 지키기 위해, 즉 재
현을 위해 좌충우돌 노력한 사상가였다고 보는 것, 거기에 경
제학의 역사를 공부하는 실천적인 의미가 있을 것이다.

《인구론》의 사회생물학

"식량은 산술급수적으로 증가하지만 인구는 기하급수적으로 증가한다"는 유명한 구절로 기억되는 《인구론》은 1798년에 익명으로 출간되었다. 위악적으로까지 읽히는 서술과 강렬한 주장 때문에 금세 화제가 된 이 책은 5년 뒤에야 맬서스의 실명으로 제2판이 발행되고, 이후 제6판까지 나왔다. 지금 기준으로 볼 때 매우 긴 부제는 당대의 진보적 사상가인 고드윈, 콩도르세 등의 논의를 비판한다는 것을 명시하고 있다. 다음의 인용문은 왜 《인구론》이 자극적일 수밖에 없는지 그 한 자락을 엿볼 수 있게 해준다.*

> 인생이란 커다란 도박에서 백지를 뽑은 무산 계급의 빈곤은 자연 질서에 따른 필연적 결과이므로, 빈민 구제와 같은 자비롭기는 하지만 기본적으로 잘못된 조치는 즉시 폐지해야 한다.

---

* 이 인용문들의 번역은 정운영, 《저 낮은 경제학을 위하여》, 까치글방, 1990, p.164에서 가져왔다.

9명의 경제학자들

빈민에게는 청결보다는 그 반대의 습관을 권고해야 한다. (…) 도시는 거리를 좁게 만들고 더 많은 사람들을 집 안으로 몰아넣어서 전염병이 잘 돌도록 해야 한다. (…) 시골에서는 썩은 연못 근처에 마을을 정하고, 늪지대나 불결한 장소에 집을 짓도록 권해야 한다. 그리고 무엇보다도 전염병에 대한 특별한 치료를 거부해야 한다.

목사라는 직업을 굳이 떠올리지 않더라도 이러한 서술은 그 자체로 충격적이다. 맬서스가 볼 때 인간의 성욕과 수확체감의 법칙, 즉 아무리 노동과 자본을 투하해도 생산 가능한 식량에는 한계가 있다는 것은 시스템에 주어진 불변의 요소였다. 그러므로 위기에서 벗어나는 길은 "특별한 희열이 따르지 않는 결혼은 억제"함으로써 출생률을 낮추는 방법뿐이지만, 이것은 "음주와 도박을 일삼는" 무산 계급에게는 기대하기 어렵고, 매우 높은 수준의 도덕을 갖춘 이들에게나 가능한 일이었다. 따라서 기아나 전염병, 심지어는 폭동이나 전쟁 같은 방식의 "적극적 억제"는 불가피한 것이었다. "우울한 학문"으로서의 정치경제학은 이러한 주장에서 최고조의 우울을 드러낸다.

《인구론》은 19세기 중엽 찰스 다윈이 진화론을 체계화하는 데에도 영향을 미쳤다. 얼핏 생각하는 것과는 달리 자연과학적 진리가 실험이나 수학적 논리를 통해 먼저 발견된 다음 그것이 인문학적·사회과학적 통찰을 주는 것이 아니라, 그 반대 방향으로 작용한 사례는 얼마든지 찾을 수 있다. 다윈의 자서전에 따르면, 1838년에 우연히 흥미 삼아 읽게 된《인구론》을 통해 생존 투쟁의 중요성, 결국 생존에 유리한 변이는 보존되고 불리한 변이는 파괴된다는 생각을 하게 되었다고 한다.*

사실 자극적으로만 읽히는 앞의 인용문들도 어쩌면 일상생활에서 쉽게 들을 수 있는 시중의 담론일지 모른다. 빈민 구제를 위한 각종 정책이 오히려 빈민의 근로 의욕을 저하시켜 경제 성장에 장해가 된다거나, 더 노골적으로는 가난을 결국 본인의 능력과 노력이 부족한 탓으로 돌리는 것이다. 맬서스의 인용문에 대해 공적으로는 분노하면서도 개인적으로나 가족 단위의 경쟁에서는 비슷한 생각을 하거나 다짐하는 것은 보통 사람들도 많이 하고 있는 것이 아닐까? 아울러 이기적 개인을 의사 결정의 주체로 생각하는 경제학적 흐름

---

* Barlow Nora (ed.), *The Autobiography of Charles Darwin 1809~1882*, London: Collins, 1958, p.120.

에서 맬서스의 통찰은 그 선정성을 제거하고 나면 훌륭한 경제학 이론이 되기도 하는 것이다.

이른바 맬서스의 인구 법칙은 노동자의 실질 임금이 최저생존비 수준을 벗어날 수 없다는 것을 예측한다. 시장에서 결정되는 임금이 최저생존비보다 커지면 노동자의 경제적 상태가 좋아지면서 출산이 늘어나고 결국에는 노동 공급을 증대시키기 때문에 임금은 다시 하락할 수밖에 없다. 사실 맥락은 다소 다를지언정 고전학파 정치경제학자들은 대부분 이러한 최저생존비설적 입장을 취하고 있었다.

물론 그런 이유를 들어 자본주의 시스템이 전복되어야 한다는 급진적인 결론으로 이끌리는 경우도 있었다. 그러나 맬서스라면 시스템의 유지를 위해서는 그와 같은 비이성적인 주장은 아무런 도움이 되지 못한다고 보았을 것이다. 인류라는 종의 유지, 이를 위한 시스템의 재생산을 최우선적 목표이자 자연의 법칙으로 둔다면, 위악적 문장이나 냉정함은 부차적인 스타일에 지나지 않았을지도 모른다. 애덤 스미스가 이기심과 공감 사이의 미묘한 동학에 관심을 가진 철학자였다면, 맬서스는 종의 유지를 위해 열등한 개체는 죽을 수밖에 없음을 강조한 사회생물학자였다. 기후 위기 등과 관련하여 맬서스가 심심찮게 소환되는 것도 암울한 사회생물학적 비전에서 벗어나려는 인간의 이성적 노력을 강조하기 위해서일 테니,《인구론》을 반면교사로 읽는 것도 의미가 없지 않을 것이다.

지주의 사치는 유효수요의 원천이다

맬서스는 곡물법 논쟁에서 지인인 리카도의 정반대편에 섰다. 유럽 대륙으로부터 값싼 농산물이 수입되면 지주 계급이 가장 큰 타격을 입을 것은 뻔했다. 따라서 곡물법 철폐에 반대하는 것은 적어도 사후적으로 보면 지주 계급, 즉 맬서스 자신의 기득권을 옹호하는 것이었다.

그렇지만 맬서스의 논리는 독특한 것이어서 유효수요의 문제를 겨냥하고 있었다. 맬서스는 전반적 과잉 생산(이른바 "gluts")이 가능한 것인지의 여부를 놓고서도 리카도와 논쟁을 벌였다. 고전학파 경제학 시대에는 그 또한 고전학파 경제학자인 장 바티스트 세의 이름을 딴 법칙, "공급은 스스로의 수요를 창조한다"는 세의 법칙이 일반적으로 받아들여졌다. 세의 논리에 따르면, 어디에선가 재화가 공급된다는 것은 그 재화의 생산에 참여한 이들에게 그만큼의 소득이 발생한다는 뜻이므로 항상 그 크기만큼의 수요가 창출된다. 물론 세의 법칙은 소득 중에서 일부가 소비되지 않을 때, 즉 저축이 존재할 때, 그 저축은 금융 기관 등을 통해 투자로 이어진다는 생각과 연결되어 있었다. 경제 주체들이 얻은 소득을 전부 지출하지 않더라도 그 지출하지 않은 부분은 결국 투자를 위한 자금이 되기 때문에, 경제 전체적으로 보았을 때 수요가 모자라는 법은 없다는 것이다. 소비 부족은 딱 그만큼의 투자 증가분으로 상쇄되기 때문이다. 따라서 어떤 특정 재화에 대한 수요가 부족한 일은 생길 수 있어도 모든 상품에 대한 수요가 부족한 상황, 흔히 공황이나 경제 위기라 불리는 국면에서 볼 수 있는 상황은 이론적으로는 발생하지 않는다.

사실 지대는 농업 자본가가 얻는 이윤의 일부를 지주가 가져가는 것이다. 즉 리카도 차액지대론의 논리에 따르면, 지대는 이윤으로부터 파생되는 것이어서, 지대가 늘어나면 이윤은 줄어들 수밖에 없다. 그러나 맬서스는 지주의 수입이 증대함으로써 소비가 증가하고 시장이 커짐으로써 이윤이 늘어나는 인과 관계를 상정했다. 애덤 스미스가 인구 증가를 통해 시장이 커지고, 그 결과 분업이 확대됨으로써 경제 성장을 가져온다고 주장한 것과 어떤 면에서는 유사하고 어떤 면에서는 다른 논리다. 시장의 크기가 중요하며 심지어는 전반적 과잉 생산의 가능성조차 인정한 측면에서는 스미스의 논리를 더욱 강하게 밀고 나간 것으로 볼 수도 있지만, 그 시장을 담당할 계급으로서 지주만을 생각했다는 것이 스미스와는 달리 맬서스가 지주 계급의 이익을 옹호했다는 비판을 듣게 만든 것이다. 어떤 의미에서 맬서스의 주장은 임금 주도 성장을 주장하는 좌파 케인스주의자들의 견해와도 비슷한 논리 구조를 갖고 있다. 임금은 단지 생산 비용일 뿐만 아니라 노동자들의 소득이라는 점에서 결국 유효수요를 구성하는 주요인이라는 것, 그러므로 경제의 특정 국면에서는 임금 인상이 자본의 수익성을 저하시키는 것이 아니라 오히려 시장을 확대함으로써 경제 성장을 가져온다는 것이 임금 주도 성장의 논리이기 때문이다. 물론《인구론》의 맬서스는 노동자 계급에 대해 적대적이라고까지 할 만한 태도를 취했기 때문에, 그 계급적 함의는 완전히 다른 것이다.

맬서스가 볼 때, 노동자는 소비할 의사는 있으나 능력이 없고 자본가는 능력은 있으나 축적을 위해 소비할 의사가 없다. 따라서 능력과 의사가 모두 맞는 지주의 낭비야말로 수요 부족 문제를 타개하는 유일한 수단이었던 것이다. 요컨대 세의 법칙을 받아들이지 않는 상태에서는 생산은 하지 않고 소비만 하는 계급의 존재가 필요한 셈이다. 경제학에서 유효수요라는 개념이 부각된 것은 20세기 케인스에 와서였고, 이

러한 의미에서 케인스는 맬서스가 고전학파 경제학 안에서
정당하게 대접받지 못했음을 지적하며 일종의 복권을 시도
하기도 했다. 실제로 케인스는 자신의 대표적 저작인《일반
이론》에서 1821년 7월 16일자로 맬서스가 리카도에게 보낸
편지를 길게 인용한다.

　　문제는 지주와 자본가들이 적절한 정도로 비생산적 소비를 하
　　지 않는 가운데 생산이 증가하는 데서 초래되는 자본의 정체
　　와 그에 뒤따르는 노동에 대한 수요의 정체가 나라에 해를 끼
　　치지 않을 수 있느냐는 것, 다시 말해 지주와 자본가의 비생산
　　적 소비가 사회의 자연스러운 잉여에 적절하게 비례하는 정도
　　로 이루어져서 생산의 동기를 중단 없이 지속시킴으로써 우선
　　은 노동에 대한 부자연스러운 수요가 일어나는 것을 막고 그
　　다음에는 그러한 수요가 필연적으로 갑작스럽게 감소하는 것
　　을 막을 수 있다고 가정할 때 실현될 수준에 비해 행복과 부의
　　수준을 둘 다 떨어뜨리지 않을 수 있느냐는 것입니다. 그렇다
　　고 한다면 절약이 비록 생산자들에게는 해로운 것일 수 있더
　　라도 국가에는 해로울 수가 없다고, 또는 지주와 자본가들의
　　비생산적 소비가 늘어나는 것이 때로는 생산의 동기가 작동하
　　지 않게 된 상태에 대한 적절한 치유책이 되지 못할 수 있다고

어떻게 진심으로 말할 수 있겠습니까?*

사실 이 인용문에서 지주를 정부로, 비생산적 소비를 공공 지출로 바꾸면 그대로 케인스가 쓴 것이라 해도 믿을 정도이다. 경제 전체의 부족한 수요를 메우기 위해 정부가 나서서 재정 지출을 늘리고 때로는 적극적으로 투자를 실행해야 한다는 것이 케인스 유효수요 이론의 요체라면, 그리고 정부가 기본적으로 비생산적 주체라는 점을 염두에 둔다면, 맬서스의 지주는 현대의 케인스주의적 정부에 해당한다. 그러므로 지주라는 시대적 허물을 벗기고 맬서스 이론의 합리적 핵심을 찾는다면 《인구론》에 비해 과소평가된 그의 경제학 이론이 부활할 수 있을지도 모른다.

물론 이렇게까지 하면서 맬서스를 부활시킬 필요가 어디에 있는가라는 물음을 제기할 수도 있다. 케인스가 무시했던 마르크스도 세의 법칙을 비판하면서 자본주의의 공황, 즉 전반적 과잉 생산이 주기적으로 발생할 수밖에 없음을 논증하고자 하였기 때문이다. 맬서스를 부활시킬 정도의 아량이

---

* 존 메이너드 케인스, 《고용, 이자, 화폐의 일반 이론》, 이주명 옮김, 필맥, 2010, pp.440~441.

라면 케인스는 마르크스에게서 훨씬 더 많은 통찰과 유사점을 찾아낼 수 있었을 것이고, 그것은 실제로 케인스의 긴밀한 동료였던 칼레츠키나 조앤 로빈슨, 그리고 그 뒤를 잇는 좌파 케인스주의자들이 한 작업이었다. 당연한 일이겠지만 마르크스는 맬서스의 인구 법칙에 대해 매우 비판적이었다. 자본주의 사회에는 자본주의 특유의 인구 법칙이 있는 것이지 생물학적 인구 법칙이 관철되는 것이 아니라는 이유에서였다. 마르크스 같은 진보주의자가 적어도 일부 인간의 이성을 신뢰하는 것이 당연하듯, 맬서스 같은 보수주의자가 인간의 이성을 전혀 신뢰하지 않는 것도 당연하다. 오늘날의 기준으로 정치 성향을 평가하자면 맬서스와 마르크스는 양극단에 위치했으며 그 중간쯤에 케인스의 자리가 있을 것이다. 그럼에도 맬서스-마르크스-케인스가 묘하게 하나로 묶이는 흐름이 존재했다. 로버트 하일브로너는 엄청난 부자였으며 실제로 지주이기도 한 리카도는 지주를 공격했고, 그다지 큰 부자가 아니었던 맬서스는 부유한 지주를 옹호했다는 점에서 삶의 역설적 모순을 찾는다.* 이 또한 존재와 의식의 불일치일

---

*   Robert Heilbroner, *The Worldy Philosophers: The Lives, Times and Ideas of the Great Economic Thinkers*, 7th Edition, Touchstone, 1999, p.75.

수도 있겠으나, 어쩌면 상층 지식인 사이에서의 작은 균열에 지나지 않는 것이었을 수도 있다.

조숙한 천재: 존 스튜어트 밀

아버지의 직업이나 관심사를 자녀가 물려받는 경우는 흔하다. 어려서부터 보고 듣고 교육받는 환경, 이른바 문화 자본이라는 측면에서 쉽게 이해할 수 있다. 아버지가 의도를 갖고 노력한다면, 맬서스처럼 정치적 입장까지는 통제할 수 없더라도, 문화 자본의 전승은 쉬운 일일지도 모르겠다. 경제학의 역사에서 가장 유명한 부자라면 역시 제임스 밀과 그의 아들인 존 스튜어트 밀John Stuart Mill(1806~1873)일 것이다. 당대 최고의 지성이었던 제임스 밀은 자신이 철저하게 기획한 영재 교육 프로그램으로 직접 맏아들을 교육시켰다. 매일 아버지가 내준 리포트를 쓰고 토론을 겸한 산책을 거치면서 그리스어와 라틴어, 정치경제학에 수학까지 공부한 아들은 이미 10대에 최고 수준의 지식인이 되었다. 아버지 덕분에 청소년기에 벌써 데이비드 리카도나 제러미 벤담 등을 만났으니, 그야말로 학문적인 문화 자본이나 네트워크에 있어서는 누구도 따라가기 힘든 금수저였다. 조숙한 천재인 탓에 정신적

어려움도 겪어 스무 살 무렵에는 진지하게 자살을 고민했고, 사상적 경향이나 관심사도 여러 차례 바뀌었다. 나이가 들면서 생각이 바뀌는 것은 흔한 일이지만, 사춘기를 겪을 나이에 이미 높은 수준의 지성에 도달한 밀은 보통 사람이라면 학문의 기초를 익히기에도 바쁠 젊은 시절부터 그러한 변화를 겪었던 것이다.

밀은 무엇보다 《자유론On Liberty》의 저자로서, 경제학자보다는 정치학자로 더 기억되고 있지만, 1848년에 출간된 《정치경제학 원리Principles of Political Economy》는 반세기 가까이 경제학 교과서 역할을 했다. 제2장의 [그림 2-1]에서 보듯이 밀은 고전학파 경제학의 포물선 끝자리에 위치한다. 밀은 어린 시절부터 아버지의 영향을 받아 공리주의를 다듬기 위해 노력했던 탓에 쾌락과 고통의 정밀한 계산에 관심을 보였다. 만약 개인이 느끼는 쾌락과 고통의 크기를 정확하게 계산할 수 있다면, 벤담이 말하는 "최대 다수의 최대 행복"이라는 공리주의적 목표를 달성할 수 있기 때문이다. 그러나 밀은 시간이 지나면서 벤담과는 질적으로 다른 주장을 하게 된다. 무엇보다 밀에게 있어 쾌락에는 질적 위계가 존재하는 것이었다. "만족하는 돼지보다 불만족스러워하는 인간, 만족하는 바보보다 불만을 느끼는 소크라테스가 더 낫다"는 밀의 경구

9명의 경제학자들

가 그것을 잘 보여준다.

밀은 천재 교육의 영향 탓도 있었겠지만 영국 국교회^{(성}
공회)에 동의하지 않는 종교적 신념 때문에도 옥스퍼드나 케임
브리지 대학에서 공부하지 않았다. 그 대신 종교에 개방적인
대학으로 벤담과 아버지 제임스 밀 등이 설립한 유니버시티
칼리지 런던에서 청강했다. 밀은 아버지를 따라 동인도 회사
에서 오랫동안 일했다. 만년에는 하원 의원을 지냈으며 상속
제한, 노동자 교육, 여성의 권리 신장 등을 위해 노력했다.

해리엇 테일러와의 운명적 만남

밀은 20대 중반에 아이가 둘 있는 유부녀 해리엇 테일
러를 만난다. 우정과 사랑 사이를 아슬아슬하게 오갔을 둘의
관계는 놀라울 정도로 오래 지속되어 해리엇의 남편이 죽은
뒤인 1851년에 결혼으로까지 이어진다. 그들의 결혼 생활은
해리엇의 죽음으로 겨우 7년여 만에 끝나고 말았지만 30여
년에 걸친 둘의 관계는 밀에게 커다란 사상적 영향을 미쳤
다. 1859년, 해리엇이 죽은 지 얼마 안 되어 출간된 저 유명
한 《자유론》 앞머리에 밀은 다음과 같이 썼다.

진리와 정의에 대한 높은 식견과 고매한 감정으로 나를 한없이 감화했던 사람, 청찬 한마디로 나를 무척이나 기쁘게 해주었던 사람, 내가 쓴 글 중에서 가장 뛰어나다고 할 수 있는 것은 모두 그녀의 영감에서 나왔기에 그런 글을 나와 함께 쓴 것이나 마찬가지인 사람, 함께했던 사랑스럽고 아름다운 추억 그리고 그 비통했던 순간을 그리며 나의 친구이자 아내였던 바로 그 사람에게 이 책을 바친다. (…) 그녀의 무덤 속에 묻혀버리고 만 그 위대한 생각과 고상한 감정의 절반만이라도 건져낼 수 있다면, 거기서 얻는 내 혜택은 아무 말로 다할 수 없이 클 것이다.*

해리엇 테일러의 진보적 성향, 즉 페미니즘이나 사회주의에 대한 관심이 밀에게 그대로 이어졌던 것은 분명하다. 밀은 1869년에 《여성의 종속The Subjection of Women》을 출간한다. 밀은 여성 참정권을 옹호하고(하원 의원으로 재임할 때는 실제로 법안을 통과시키기 위해 노력했다), "그동안 힘이 센 남성이 독점해온 모든 역할과 직업에 여성도 똑같이 참여해야 한다"고 주장했다. 물론 "여성들이 할 수 있는 일이지만 남성만큼 잘하지 못하기 때문에 경

---

* 《존 스튜어트 밀 선집》, 서병훈 옮김, 책세상, 2020, pp.307~308.

쟁 원리에 따라 배제된다면 그것에 대해서는 뭐라 할 말이 없다"는 식의 자유주의적 주장은 21세기 감성으로 보면 한계가 없지 않다. 그럼에도 실제로 영국에서 완전한 여성 참정권이 주어진 것이 그보다 60여 년 뒤임을 생각하면 매우 진보적인 주장임에 틀림없다. "권력자는 누구를 탄압하든 보다 부드러운 말을 사용하면서 언제나 탄압받는 사람들 자신의 이익을 위해서 그러는 것처럼 꾸민다"거나 "핍박을 받는 사람들이 힘으로 권력자를 윽박지르지 않는 한, 권력을 가진 자가 아랫사람에게 양보를 하는 경우는 매우 드물다"는 주장*은 빅토리아 시대의 상류층 남성의 주장이라고는 믿기지 않을 정도로 진보적이다. 밀 자신이 밝힌 것처럼, 이 책은 해리엇 테일러가 원저자이거나 적어도 공저자였을 것임에 틀림이 없다. 그렇지만 좁은 의미에서의 경제학적 저작인《정치경제학 원리》조차 "내 아내와의 생산물"이라고 했던 밀의 언급은 결혼 이전까지 그녀와의 관계가 플라토닉한 것이었다는 그의 회고만큼이나 어디까지 진실인지는 알 수 없다.** 다정다감

---

* 각각《존 스튜어트 밀 선집》, 서병훈 옮김, 책세상, 2020, p.949 및 p.987.
** "The scandalous love affair that fuelled John Stuart Mill's feminism", *The Economist*, 2018년 10월 5일자.

한 밀의 과장된 언급일 수도 있을 것이다. 그러나 밀이 인생의 후반부를 같은 런던 하늘 아래에서 살았던 급진적 사상가 마르크스보다도 삶의 스타일에 있어서만큼은 훨씬 더 여성주의적이었다는 점은 분명하다. 밀보다 한 세대 뒤에 등장한 케임브리지의 경제학자 앨프리드 마셜이 ^(자신의 아내도 경제학자였음에도) 여성에게 고등 교육을 장려하는 것은 영국 '인종^{race}'을 육체적·정신적으로 퇴화시킬 것이라고 주장했다거나,* 1903년 생인 조앤 로빈슨이 케임브리지 대학에서 강사 자리를 얻기 위해 분투해야 했던 에피소드 등을 생각하면, 해리엇 테일러의 영향력을 인정하는 것만으로도 용기 있는 행동이었다. 밀이 죽던 해인 1873년에 출간된 자서전에는 그러한 사상적 변화의 과정이 자세히 묘사되어 있다.

민주적 시민 교육은 질적 쾌락으로 이어진다

그런데 어떤 쾌락이 다른 쾌락보다 질적으로 더 뛰어나다는 것을 어떻게 알 수 있을까? 밀은 1863년에 출간된 《공리

---

* Nahid Aslanbeigui & Guy Oakes, *The Provocative Joan Robinson: The Making of a Cambridge Economist*, Duke University Press, 2009, p.27.

주의*Utilitarianism*》에서 "만일 두 가지 쾌락이 있는데, 이 둘을 모두 경험해본 사람 전부 또는 거의 전부가 도덕적 의무 같은 것과 관계없이 그중 하나를 더 뚜렷하게 선호한다면, 그것이야말로 더욱 바람직한 쾌락이라고 할 수 있을 것이다"*라고 주장한다. 같은 책에서 밀은 도덕적 의무나 도덕 감정조차도 객관적 실재로서 내재하는 것이 아니라 후천적으로 습득되는 것이라는 입장을 취하고 있다. 제2장에서 설명한 바 있는 애덤 스미스의 《도덕감정론》에서 다소 모호했던 문제, 즉 공정한 관찰자가 객관적인 기준으로 내재하는 것인지 아니면 일종의 사회적 합의로 존재하는 것인지에 관해 후자의 입장을 지지하는 셈이다. 그러나 어떤 것이 더 바람직한 쾌락인지를 판단하기 위해서는 "지식의 원천에 대해 마음이 열린 사람, 그리고 웬만큼 그 정신 능력을 발휘할 수 있게 교육을 받은 사람", 말하자면 일정 수준의 교양과 덕성을 갖춘 사람이어야 한다. 만약 개인적인 쾌락과 동시에 공동체에도 기여하는 방식의 쾌락과 그저 개인에게만 도움이 되는 말초적인 쾌락 사이에서 대다수의 사람들이 후자를 선택한다면 어떻게 할 것인가? 급진주의자의 시각에서 보면 답답하고 보수적으로 보

---

* 《존 스튜어트 밀 선집》, 서병훈 옮김, 책세상, 2020, p.28.

이겠지만, 밀은 교육과 제도의 중요성을 강조한다.

> 첫째, 모든 개인의 행복이나 (…) 이익이 전체의 이익과 가능
> 하면 최대한 조화를 이루도록 법과 사회 제도를 만들어야 한
> 다. 둘째, 교육과 여론이 사람의 성격 형성에 지대한 영향을
> 끼치는 만큼 모든 개인이 자신의 행복과 전체의 이익, 특히 보
> 편적 행복에 영향을 주는 긍정적이고 부정적인 행동 양식 사
> 이에 긴밀한 끈이 연결되어 있다는 사실을 분명히 깨닫게 해
> 주어야 한다.*

이것은 밀이 경제학을 생산·교환·분배의 세 가지 체계
로 구분하면서, 생산을 지배하는 법칙은 일종의 물리학적 진
리이지만 분배를 지배하는 법칙은 법률과 제도를 통해 바꿀
수 있다고 생각한 것과 같은 맥락이다. 여전히 엘리트주의라
는 인상을 지우기 어렵지만, 밀은 민주적 시민 교육을 통해
사람들의 덕성과 교양을 강화하고, 적절한 제도 형성을 통해
개인의 이익과 공익이 조화롭게 이루어지는 사회를 꿈꾸었
던 것이다.

---

* 《존 스튜어트 밀 선집》, 서병훈 옮김, 책세상, 2020, p.40.

효용^{utility}이라는 개념에 천착한 것은 궁극적으로는 경제학의 패러다임이 고전학파의 노동가치론에서 신고전학파의 효용가치론으로 넘어가는 길목에 밀이 자리하고 있음을 암시한다. 고전학파 체계를 교과서 수준으로 다듬은 완성자라고도 할 수 있지만, 한편으로는 고전학파 체계의 해체를 준비한 인물이었다고도 볼 수 있는 까닭이다. 물론 밀은 "우리 삶을 불만족스럽게 만드는 첫 번째 원인은 이기심"이라 주장했고 스미스처럼 공정한 관찰자의 역할도 중시했기 때문에, 스테레오 타입으로 이해되는 신고전학파 경제학적인 인간^(이른바 호모 이코노미쿠스)을 상정하는 것은 아니었다.

자유주의와 사회주의, 그 모순적 결합

《자유론》에서 밀은 그 유명한 "자유에 관한 아주 간단명료한 단 하나의 원리"를 제시한다.

인간 사회에서 개인이나 집단 누구든 다른 사람의 행동의 자유를 침해할 수 있는 경우는 오직 하나, 자기 보호를 위해 필요할 때뿐이다. 다른 사람에게 해를 끼치는 것을 막기 위한 목적이라면 당사자의 의지에 반해 권력이 사용되는 것도 정당하다고 할 수 있다. 이 유일한 경우를 제외하고는, 문명사회에서 구성원의 자유를 침해하는 그 어떤 권력의 행사도 정당화할 수 없다. 그 사람 본인의 물질적·도덕적인 이익을 위한다는 명목 아래 간섭하는 것도 일절 허용되지 않는다. 당사자에게 더 좋은 결과를 가져다주거나 더 행복하게 만들거나 다른 사람이 볼 때 현명하거나 옳은 일이라는 이유에서, 그 자신의 의사와 관계없이 무슨 일을 시키거나 금지해서는 안 된다.*

물론 이 단순명쾌한 원리만으로 현실의 복잡한 문제들을 직접 해결할 수는 없다. 다른 사람에게 해를 끼치지 않는다는 것은 구체적으로 어느 수준까지 인정되어야 하는가? 골방에 틀어박혀 조용히 마약을 하는 것은 다른 사람들에게 해를 가하지 않으므로 논란의 여지가 없을지도 모른다. 그러나 자신의 권리를 주장하는 것이 타인의 권리를 전혀 침해하지 않는 상황이 과연 존재할 수 있을까? 예를 들어 대기업이 시장 원리에 따라 자신의 사업 영역을 무제한적으로 확장함으로써 영세한 자영업자의 '골목 상권'을 침해하는 '자유'는 규제되어야 마땅한가 아닌가? 사실 자유주의만큼이나 넓은 스

---

* 《존 스튜어트 밀 선집》, 서병훈 옮김, 책세상, 2020, p.320.

9명의 경제학자들

펙트럼으로 이해되어 때로는 남용되고 때로는 오용되는 개념도 없을 것이다.

확실한 것은 밀 자신이 스스로 민주주의자를 넘어 '사회주의자'라는 일반적인 라벨로 분류될 것이라고 주장한 것을 보면, 그가 말하는 자유는 자유지상주의libertarianism나 시장 원리의 자유로운 작동만을 의미하는 것은 아니라는 점이다. 밀은 1862년에 출간된 《정치경제학 원리》 제5판에서 "노동자들의 연합이 자유로운 노동 시장의 장해물이 아니라 그 필수적 도구"라고까지 주장한다. 그는 《자서전》에서 "사회가 더이상 놀고먹는 자들과 일하는 자들로 나누어지지 않는 시대", "일하지 않는 자는 먹지도 말라는 원칙이 가난한 이들뿐만 아니라 모든 이에게 적용되는 시대", "노동생산물의 분배가 출생의 우연이 아니라 (…) 인정되는 정의의 원칙에 따라 논란의 여지 없이 이루어지는 시대", "자신이 속한 사회와 함께 나눌 이익을 위해 인간이 노력하는 것이 더 이상 불가능하다고 여겨지지 않는 시대"를 꿈꾸었던 것이다.* 그런데 바로 《자서전》 앞부분에서 "대중의 무지, 특히 이기심과 야만"을 깨우치는 데 교육이 "지독하도록 불완전하다"는 것을 지적한 점을

---

* J. S. Mill, *Autobiography*, 1873, p.152.

보면, 밀의 교육과 제도 개선을 통한 개혁이라는 신념은 현실에서 많은 좌절을 겪었음이 분명하다. 밀이 죽은 다음에 출간된 《사회주의론Chapters on Socialism》의 마지막 단락에는 "사회는 충분한 검토 끝에 공익에 방해가 된다고 판단되는 특정 재산권에 대해서는 그 어느 것이든 폐지하거나 변경할 완전한 권리를 가진다"*고 쓰여 있다. 밀이 자유사회주의liberal socialism라는 형용모순처럼 들리는 이상을 추구했다는 것은 어쩌면 어려서부터 받은 좋은 교육과 환경, 스캔들일 수밖에 없었지만 정신적 교감까지 가져다주는 평생의 사랑을 얻었던 삶, 그럼에도 끊임없이 개인의 자유와 사회의 공익을 조화시키고자 고민한 사상가의 고뇌를 보여주는 증거일 것이다.

다시, 존재와 의식

학문적 신조란 무엇일까? 우연히 읽은 책, 우연히 어울리는 사람, 우연히 싫어하게 된 사람이나 성향 같은 것들이 겹쳐 때로는 투사를, 때로는 괴물을 만들어낸다. 사회과학에서 학문적 신조와 정치적 신념의 경계를 섬세하게 가르기란

---

* 《존 스튜어트 밀 선집》, 서병훈 옮김, 책세상, 2020, p.867.

불가능하다. 진보적 교양을 가진 아버지에게서 자란 맬서스는 냉철한 사회진화론자로, 철저한 홈스쿨링과 공리주의의 신조를 전수한 아버지에게서 자란 밀은 온화한 개혁주의자가 되었다. 어떤 의미에서 둘은 모두 아버지를 살해했고, 또 어떤 의미에서는 그 영향 안에 놓여 있었다. 해리엇 테일러와의 운명적인 사랑으로 받은 영감에 충만했던 밀은 시민 교육을 통해 사회를 바꿔나갈 수 있다고 믿었지만, 언뜻 그 "지독하도록 불완전한" 한계에 대해서도 토로한다. 이 모든 삶의 궤적이 때로는 맬서스를, 때로는 밀을 만들어냈으나, 그 궤적 안에서 그들은 각자의 삶과 학문적 신념을 만들어나갔다. 사회적 존재가 의식을 결정하지만, 그럼에도 개인의 의식은 나름대로의 자율성을 지닌 채 서로 다른 결과를 만들어내는 것은 아닐까?

자본주의는
과학적으로
비판될 수 있다

마르크스의 생애

카를 마르크스^{Karl Heinrich Marx(1818~1883)}는 지금의 독일 지
역인 트리어에서 유대인 랍비 집안의 아들로 태어났다. 그의
아버지는 개종한 변호사, 즉 형식적으로는 유대인의 정체성
을 포기한, 당대 기준으로는 매우 리버럴한 인물이었다. 아
버지의 뜻에 따라 법학을 공부하기 위해 본 대학에 진학한 마
르크스는 곧 베를린 대학으로 옮겨 철학을 공부한다. 베를린
대학은 유명한 헤겔이 교수를 지냈던 곳이고,* 그 좌파적 해
석을 지향하는 청년 헤겔주의자들이 모인 곳이었다. 마르크

---

* 물론 마르크스가 베를린 대학에 갔을 때, 헤겔은 이미 죽은 뒤였다.

스는 고대 그리스의 자연철학에 관한 논문을 예나 대학에 제출하여 박사 학위를 받았지만, 이미 알려진 급진적 성향 때문에 대학 강단에 자리 잡을 수 없었다. 《라인 신문》 편집장으로 저널리스트의 삶을 시작했는데 그마저도 급진적 논조로 말미암아 프로이센 당국에 의해 폐간당하면서 끝나버리고 만다. 1843년 고향 트리어의 귀족 베스트팔렌 남작의 딸 예니와 결혼한다. 진보적 인물이자 아버지의 친구였던 베스트팔렌 남작은 셰익스피어나 호메로스에 대해 어리지만 총명한 마르크스와 토론하기를 즐겼다. 그 집에 드나들면서 동급생의 누나이자 네 살이나 연상인 예니와 사랑에 빠졌던 것이다. 당국의 요시찰 인물이 되어 파리와 브뤼셀 등지를 전전하던 마르크스는 1849년 영국 런던에 정착하여 평생 동안 살게 된다.

마르크스의 정체성은 여러 가지가 있다. 《라인 신문》 이후에도 《뉴욕 데일리 트리뷴》의 런던 통신원으로 기고했던 저널리스트, 국제노동자협회(이른바 제1인터내셔널)를 비롯한 혁명적 노동 운동의 활동가, 그러나 런던에서의 인생 후반부, 나아가 삶 전체를 규정하는 가장 큰 정체성은 경제학자였다. 대영박물관 열람실에서 고전학과 정치경제학의 저작들을 읽고 메모하면서 기존의 경제학은 물론 자본주의 사회 전체를 혁명적으로 비판하는 경제학 체계를 세우고자 노력한 것이다. 마르크스 역시 시기적으로는 제2장의 [그림 2-1]에서 포물선의 끝자락에 위치한다. 그러다 보니 고전학파 정치경제학이 갖고 있던 모종의 공통된 인식틀 안에 남아 있는 경우도 없지 않은데, 그럼에도 그는 '정치경제학 비판'을 지향한 철저한 아웃사이더였다.

마르크스의 대표적인 저작은 《자본론*Das Kapital*》인데, 원래 총 4권으로 계획했던 것이 그가 살아 있을 때에는 제1권만 겨우 출간되었다. 1867년에 나온 《자본론》 제1권은 제일 먼저 러시아어로 번역되어 차르 체제하에서 혁명적 열기로 들끓던 러시아의 청년 운동가들에게 영향을 미쳤다. 《자본론》의 나머지는 마르크스 사후에야 그가 남긴 방대한 원고를 정리하고 편집한 평생의 친구이자 동지였던 프리드리히 엥겔스에 의해 1885년에 제2권, 다시 10여 년이 지난 1894년에야 제3권이 출간되었다. 그나마 경제학설사를 다룬 제4권의 원고는 엥겔스도 마무리 짓지 못하고 20세기 들어서야 '잉여가치학설사'라는 제목의 세 권짜리 책으로 출간된다.

존 스튜어트 밀과 해리엇 테일러의 경우에도 비슷한 문제가 있지만, 《자본론》도 제2권과 제3권이 온전한 마르크스의 저작인지, 엥겔스와의 공저인지 진지하게 따져볼 필요가 있다. 엥겔스는 마르크스가 파리에 머물던 젊은 시절에 만나* 의기투합한 이래, 평생 마르크스의 친구이자 동지 그리고 경제적 후원자였다. 엥겔스는 가업을 이어받아 맨체스터에서 "지긋지긋한 자본가 노릇"을 했기 때문에 경제적으로 여유가 있었다. 심지어 마르크스 인생의 최대 스캔들인 하녀 헬레네 데무트와의 사이에서 태어난 것으로 추정되는 사생아의 아버지를 자처함으로써 친구의 명예를 지켜주기까지 했다. 그럼에도 악필로 유명한 마르크스의 방대한, 그것도 집필 연도마저 뒤죽박죽인 원고를 10년 넘게 해독하고 편집하며 보론을 덧붙였다면, 일단 지금의 학계 기준으로는 당연히 엥겔스는 공동 저자 내지는 교신 저자로서의 권리를 주장할 수 있다. 후대의 마르크스주의자들은 마르크스의 해석에 곤란한 문제가 발생할 때마다 엥겔스의 오류 탓이라고 비판하기도 했는데, 일면 타당한 구석도 있다. 딱히 엥겔스만의 잘못은 아니더라도 오류나 불명확한 부분에 대해서는 공동 저자도 책임을 져야 하기 때문이다. 물론 한편으로는 천재를 친구로 둔 2인자의 숙명이자 억울함이라고 풀이할 수도 있을

---

* 이것이 첫 만남은 아니었다고 한다. 첫 만남은 서로에게 큰 인상을 남기지 않은, 글자 그대로 조우에 지나지 않았던 듯싶다.

것이다.

마르크스는 빈곤 때문에 아이를 잃기도 했지만 빅토리아 시대 상류층의 생활 습관을 끝까지 포기하지 않았고, 귀족 출신인 예니를 경제적으로는 물론 정서적으로도 고달프게 했다. 그러나 예니의 죽음 이후 급격히 건강이 악화되면서 삶의 의미를 상실해갔고, 딸들과는 격의 없이 어울리며 셰익스피어를 읽어주는 다정한 아빠이기도 했다. 논적들에게는 이론적 비판과 인신공격의 경계를 넘나드는 다혈질이었으며, 완벽주의 성향(혹은 그 핑계로) 때문에 늘 원고 마감을 지키지 못하는 것으로 악명이 높았다. 그러나 학문에 대한 열정만큼은 타의 추종을 불허하는 인물이었고, 막연한 선입견과 달리 《자본론》에서는 사회주의라는 단어조차도 남의 글을 인용할 때 외에는 거의 사용하지 않을 정도로 새로운 사회에 대한 청사진을 제시하기보다는 자본주의 경제의 운동 메커니즘을 분석하는 데 집중했다.

청년 마르크스와 성숙한 마르크스

독일에서 제작된 영화 〈청년 마르크스〉(2017)는 숲에서 나무 땔감을 줍던 가난한 농민들이 경찰에 쫓기는 장면으로 시작한다. 사유재산권이 강화되면서 쓸모없는 나무 쪼가리를 줍는 것조차 절도죄로 간주되었기 때문이다. 철학 전공자였던 마르크스는《라인 신문》에서 일하던 시절부터, 이 사건을 비롯한 여러 일과 맞닥뜨리면서 경제적 문제가 삶의 근저에 있다는 생각을 하게 되었다고 회고한 바 있다. 이미 파리에 체재하던 1840년대 초반에 그는 당시의 정치경제학도 읽으면서 원고를 남겼는데 그것이《경제학 철학 초고》라고 불리는 원고이다. 이 시절의 마르크스를 바로 '청년 마르크스the Young Marx'라 부른다. 특정하여 어느 시기부터인지 명확하지는 않지만, 적어도 런던에 정착한 이래, 즉《자본론》의 마르크스는 '성숙한 마르크스the Mature Marx'가 될 것이다. 사실 성숙하다는 말을 쓰는 순간, 청년 마르크스는 무언가 미성숙한 부분이 있다는 의미가 되기 때문에 논란의 여지가 있다. 어쨌거나 젊은 시절의 마르크스와 나이 들고 나서의 마르크스가 서로 다른 생각을 했거나 무언가 미성숙한 단계에서 성숙한 방향으로 나아갔다는(혹은 반대로 더 나빠졌다고 볼 수도 있다) 주장은 마치 애덤 스미스의《도덕감정론》과《국부론》의 일관성 여부에 대한 논쟁처럼 오랫동안 존재해왔다. 거칠게 요약하자면, 청년 마르크스는 철학적 경향이 강했고, 나이 든 마르크스, 특히《자본론》은 경제학적 저작인 데다가 무엇보다 '잉여가치'라는 중요한 개념이 청년기에는 아직 등장하지 않는다는 점 등이 양자를 구별하는 중요한 기준이 될 것이다. 경제학으로 읽는 이들은 나이 든 마르크스를 성숙한 마르크스로 취급하는 경향이 있고, 철학이나 사회학으로 읽는 이들은 반대로 청년 마르크스를 강조하기도 한다. 더구나 이러한 갈림은 20세기에 존재했던 현실사회주의 체제에 대한 평가라는 정치적 입장과 맞물리는 경우도 많아서, 사상사적 연구를 넘어 정치적 문제가 되기도 했다.

자연과학의 경우 내가 어떤 정리를 주장했더라도 그것이 오류임을 내가 다시 밝혀냈다면 그 자체로 업적이 될 수 있다. 그런데 사회과학에서는 학자 자신이 한 말이나 쓴 글이 이후에 족쇄가 되곤 한다. 이는 사회과학이 그만큼 견고한 과학이 아니라는 뜻일지도 모르겠다. 어쨌거나 사회과학에서는 젊은 시절의 주장을 철회하거나 바꾸는 것은 많은 경우 정치적 입장을 바꾸는 것, 이른바 '전향'을 의미할 수 있기 때문에, 때로는 "이미 말해진 것"이 "말하고 싶은 것"을 가로막기도 한다.

인간은 사회적 관계의 앙상블이다

청년 마르크스, 특히 파리 초고를 관통하는 키워드는 소외Entfremdung이다. 낯설게 한다는 뜻을 가진 이 단어는 단지 인간 본연의 실존적 소외가 아니라 자본주의 사회에서 직접생산자인 노동자가 겪는 문제로 설정된다. 작업 과정에 대한 주도권을 상실함으로써 생산 과정에서도 소외된 노동자는 자신의 노동생산물이 상품으로 자본가에 의해 소유·처분됨으로써 생산물로부터도 소외된다. 당시의 정치경제학에 대한 독서와 노트의 흔적이 많이 남아 있음에도, 이 시기 마르크스의 주장은 매우 철학적이고 휴머니스트적인 면모를 보여준다.

> 네가 사랑을 알면서도 되돌아오는 사랑을 생산하지 못한다면, 즉 사랑으로서의 너의 사랑이 되돌아오는 사랑을 생산하지 못한다면, 네가 사랑하는 인간으로서의 너의 생활 표현을 통해 너를 사랑받는 인간으로 만들지 못한다면, 너의 사랑은 무력하며 하나의 불행이다.

외국어 직역 투의 문장 때문에 다소 난삽해 보이지만,

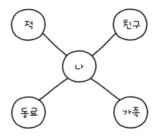

[그림 5-1] 마르크스: 인간은 그가 맺는 사회적 관계의 앙상블이다

스무 살 무렵의 청년이 쓴 연애편지 같은 이 구절은 바로 파리 초고에서 가져온 것이다. 내가 누군가를 사랑한다면 그에 상응하는 사랑이 내게 보답으로 돌아와야 내 존재를 인정받고 고양되는 느낌을 가지며 행복해질 수 있는데, 그렇게 되지 않기 때문에 나는 무기력하고 불행해진다는 것이다. 지엽적인 예이지만 청년 마르크스의 낭만주의적이고 철학적인 경향을 보여주는 구절이다.

그러나 이 시기에도 마르크스는 인간의 순수한 본질 같은 것은 애초에 존재하지 않으며, 인간은 인간이 맺는 사회적 관계의 앙상블ensemble이라는 유명한 명제를 제시한다.

[그림 5-1]에서 보듯이, 나는 다양한 사람들과 관계를 맺고 있으며, 그 관계 자체가 바로 나를 구성한다. 이들 관계

로부터 동떨어진 '순수한 나'는 존재하지 않는다. 보통은 '독립적인 나'라는 존재를 먼저 생각하고 그 존재가 맺는 사회적 관계를 생각하지만, 마르크스의 경우에는 그렇지 않았다. 신고전학파 경제학의 연장선상에 놓인 지금의 주류 경제학 교과서에서는 대표적인 개인 혹은 기업을 설정하고, 그 대표적인 주체가 표준적인 가정, 즉 효용 극대화나 이윤 극대화 같은 원리에 따라 행동한다고 설명한다. 이러한 생각을 극단으로 밀어붙이면, 개인의 행동을 설명함으로써 그 개인들이 구성하는 사회의 변화에 관해서도 설명할 수 있다는 방법론적 개체주의로 나아가게 된다. 결국 청년 마르크스는 이미 사회의 변화를 설명하기 위해서는 그 구성원 개인이 서로 맺고 있는 관계를 분석해야 한다는 관점을 분명히 하고 있었던 것이다.

그런데 이 사회관계는 단순히 친구와의 우정, 연인과의 사랑 같은 개인적이고 정서적인 차원이 아니라 내가 어떤 식으로 먹고사는가, 요컨대 내가 물질적 삶을 유지하는 방식이 어떠하며 그 과정에서 누구와 어떤 관계를 맺고 있는가를 의미한다. 마르크스주의자들이 흔히 얘기하는 역사 발전의 법칙(역사유물론)은 이러한 전제에서 출발한다. 정작 마르크스 자신은 만년에 자신의 주장이 역사철학처럼 받아들여지는 것에 심한 거부감을 드러낸 바 있다. 그러나 1859년, 런던에 정착하여 정치경제학을 오랫동안 공부한 다음에 펴낸 《정치경제학 비판을 위하여》 서문에서 자신이 경제학을 공부하게 된 실마리에 관해 제법 길게 요약한다. 여기에서 그의 유명한 문장, "의식이 존재를 결정하는 것이 아니라, 오히려 사회적 존재가 의식을 결정한다"가 등장한다. 결국 내가 경제적 삶을 재생산하는 과정에서 어떤 관계 속에 놓여 있는가가 내 의식까지 결정한다는 것이다.

이 원리를 확장하면 어떤 사회가 지닌 생산관계의 성격에 따라 그 사회의 정치적·이데올로기적·문화적 제도나 사고까지 결정된다고 할 수 있다. 역사유물론이라는 말이 마르크스 자신도 거부한 역사철학이고 경제적 토대가 사회의 모든 것을 결정한다는 결정론적 사고에는 한계가 있음을 감안하더라도, 마르크스가 적어도 사회 변화를 설명할 때 경제적 관계를 가장 중요하게 보았다는 의미에서 역사의 경제적 해석을 제시한 것으로 볼 수 있다.

청년 마르크스의 소외 개념은 《자본론》에서 몇 번 등장하지 않는다. 그럼에도 자본주의적 생산관계가 노동자 계급, 나아가 인간 전체를 소외시키는 구조라는 점은 여러 측면에서 경제학적으로 분석된다고 볼 수 있다. '청년' 마르크스와

'성숙한' 마르크스 사이에 무언가 단절이 있다고 이해할 수도 있을 것이다. 그러나 그는 젊은 시절에 가졌던 인간과 사회의 관계에 대한 관심의 끈을 놓지 않고 계속해서 같은 방향으로 밀어붙였다고 볼 수도 있다.

모든 견고한 것은 녹아 허공 속으로 사라진다

마르크스는 유럽 전역에 혁명의 기운이 일던 1848년 친구 엥겔스와 함께 유명한 《공산당 선언》을 발표한다. 공산주의자 동맹으로 이름을 바꾸는 의인 동맹義人同盟의 입장문 성격인 이 문건은 "지금까지 인류 역사는 계급 투쟁의 역사이다"로 시작하여 "만국의 노동자여 단결하라"로 끝나는 선동적인 문체로 작성되었다.* "가장 발전한 나라에서 (…) 상당히 일반적으로 적용될 수 있을" 만한 조치로 제시된 요구 사항 중에는 토지 몰수 같은 급진적인 것도 있지만 아동 노동 금지, 모든 아동의 무상 교육, 고율의 누진세 등 이후 자본주의의 발전에 따라 선진국에서는 상식처럼 된 것들도 있다. 물

---

* 《공산당 선언》의 한글 번역은 여러 판본이 나와 있다. 여기에서는 《공산당 선언》, 이진우 역, 책세상, 2018년의 번역을 따로 쪽수를 표시하지 않고 인용한다.

론 자본주의가 발전하면서 프롤레타리아가 점점 더 동질적인 하나의 계급으로 성장하고, 점점 더 확대되는 사회적 빈곤의 결과 궁극적으로 "프롤레타리아 계급은 자신의 정치적 지배권을 이용하여 차츰 부르주아지에게서 모든 자본을 빼앗고 모든 생산 도구를 국가의 수중에, 즉 지배 계급으로 조직된 프롤레타리아의 수중에 집중"시킬 것이라는 예측은 20세기 현실사회주의의 경험을 통해 일부 실현되었으나 지속 가능하지 않은 것으로 판명이 났다. 이 밖에도 정치적 문건이라는 특성상 지나치게 예단적인 몇몇 부분들은 현실성을 상실한 것임에 틀림이 없다. 더구나 프롤레타리아는 그 이전의 계급들과 달리 계급 지배 그 자체를 철폐하는 계급이 될 것이라는 주장은 이른바 프롤레타리아적 당파성이 과학성을 보증한다는 소련 등의 국가 철학으로까지 신성화되어 온갖 정치적 부작용을 낳았다.

지금의 관점에서 보면 《공산당 선언》에서 가장 탁월한 부분은 자본의 세계화 경향에 대한 극적인 묘사라고 할 것이다. 부르주아지는 ^(당시 기준으로) "백 년도 안 되는 지배 기간 동안 과거의 모든 세대가 이룩한 것보다 더 엄청나고 더 거대한 생산력을 산출"했으며, 본질적으로 "생산관계, 다시 말하면 전체 사회관계들을 지속적으로 변혁하지 않고서는 존재할 수 없"는 계급으로 파악된다. "부르주아지에 의한 세계 시장 창출 과정은 한편으로는 산업화가 진전되지 않은 전자본주의적인 지역을 급속하게 자본주의화하는 과정"이며, 이것이 바로 "자본의 문명화 작용"이다. 자본의 문명화라는 관점은 식민지의 저항적 민족주의 입장에서 종종 식민지 지배를 미화한다는 비판을 불러일으킨 것도 사실이다. 그러나 그것이 만물의 상품화 과정을 가리키는 것이라면 낡은 제국주의적 식민 지배가 형식적으로는 자취를 감춘 21세기에도 우리의 일상 속에서 끊임없이 일어나고 있는 것이다. 자본의 다이내믹한 운동은 기존의 관계들을 해체시켜 끊임없는 불안정 속으로 몰아넣고, 따라서 "모든 견고한 것은 녹아 허공 속으로 사라진다".

20세기 말 금융 위기 이후 마르크스에 대한 서구 언론의 관심이 되살아났던 것도 이러한 세계화에 대한 예측, 그 과정에서 발생하는 국민 국가 단위의 정책의 무력화, 빈발하는 경제 위기 등을 배경으로 한 것이었다.* 자본주의의 미래에 관한 학자들의 다양한 예측과 희망에도 불구하고, 그것이 끊임

---

* 1998년 7월 27일자 《뉴욕 타임스》에는 《공산당 선언》 150주년을 맞이하여 '마르크스의 주가가 다시 오르고 있다'는 제목의 기사가 실렸다.

없는 변화를 수반하는, 따라서 한편으로는 성장하며 다른 한편으로는 불안정해지는 체제라는 마르크스의 시각은 여전히 유효한 것이다.

메타 이론으로서의 마르크스 경제학

모든 사회과학 이론은 라카토슈식으로 표현하자면 중핵 안에 일정한 세계관과 가치 판단을 담고 있을 수밖에 없다. 그런데 프롤레타리아 계급은 무계급적 지향을 갖는다는 명제, 나아가 그렇게 함으로써 과학성을 보장받는다는 명제가 중핵 안에 들어가면, 다른 모든 이론의 과학으로서의 가능성을 차단하게 된다. 사실 이 문제를 어떻게 해결할 것인지는 사회과학 일반에 주어진 과제라고도 할 수 있다. 만약 서로 다른 세계관을 갖고 나름의 정합적인 논리를 구축하여 논쟁하는 두 그룹이 있다면, 어떻게 논쟁을 끝낼 것인가? 경제학의 역사를 공부하는 목적은 다양한 내러티브가 갖는 의미를 충분히 이해한다는 점에서 다원주의적 입장을 전제로 하지만, 과연 다원주의와 진리 추구 사이에 존재하는 긴장 관계를 어떻게 풀어나갈 것인지는 영원한 숙제인 셈이다. 예의 역사의 경제적 해석 혹은 존재와 의식의 관계 등을 생각한다면,

마르크스의 논리에 더 잘 들어맞는 것은 모든 이론의 중핵은 그 이론을 주장하는 이론가의 물질적 삶의 조건으로부터 자유롭지 못하다는 명제일 것이다. 굳이 경제학이라는 학문적 담론까지는 아니더라도 매일 언론이나 정치권에서 재생산되는 경제 담론의 상당수는 그 배후에 물질적 이해관계를 숨긴 채 공익으로 포장되곤 한다. 건설 회사가 대주주인 신문사가 부동산 투기를 조장하는 기사를 쓴다거나 하는 식이다. 그러므로 경제학적 지식이 생산되고 유통되는 방식에 대한 경제학적 분석, 일종의 메타^{meta} 경제학적 분석은 마르크스의 청년 시절부터의 관점과 더 정합적이고, 나아가 경제학의 역사를 공부하는 까닭과도 정합적이다.

이윤의 본질은 착취다

복잡한 질문보다 단순해 보이는 질문일수록 답변하기 어렵다. 경제 성장의 다양한 이론을 수학적 체계로 설명하는 것은 ^(경제학자에게는) 쉬운 일이지만 왜 어떤 나라는 잘살고 다른 나라는 못사는가와 같은 간단한 물음에는 답하기가 쉽지 않다. 현란한 수학적 도구를 갖춘 현대 경제학적 분석으로 훈련받은 경제학자들도 막상 한국 경제의 성장 전략에 대한 질문을 받으면, 고작해야 기업이 투자하기 좋은 환경이 만들어져야 한다는 둥의 하나 마나 한 대답을 내놓는다. 사실 투자하기 좋은 환경, 즉 높은 투자는 성장의 동어 반복에 지나지 않으므로, 그런 대답은 심하게 말하자면 경제가 성장하려면 성장해야 한다는 식의 대답일 수 있다.

그런 질문 중 하나가 이윤은 어디서 나오는가라는 물음이다. 표준적인 대답은 경영자의 경영 활동에 대한 보수가 이윤이라는 것인데, 그 경영 활동 안에는 모종의 경영 노동을 포함하여 위험을 감수하고 무언가 과감한 의사 결정을 내리는 기업가적 행위 전반이 포함된다. 이 답변이 만족스럽지 못한 까닭은 바로 일종의 동어 반복적 성격을 띠고 있기 때문이다. 월 스트리트 최고경영자, 심지어는 탈법적 행위로 수감 상태인 한국의 재벌 총수가 받는 천문학적 연봉을 경영 활동, 심지어는 경영 '노동'의 대가라고 설명하기에는 분명히 무리가 있다.

더구나 현대 경제학의 교과서에는 이윤이라는 개념 자체가 명확하게 등장하지 않는다. 독과점적 지배력을 갖춘 기업이 특정 수준을 초과하여 이득을 얻는 경우를 제외하면, 이윤은 대체로 이자나 임대료와 같은 개념으로 설명된다. 투자 자금의 기회비용은 투자하는 대신 금융 기관에 예치하고 이자를 받거나 기계를 사서 빌려주고 임대료를 받는 것이기 때문에, 정상적인 이윤은 이자나 임대료에서 크게 벗어날 수 없다는 것이다.

이윤의 본질이 무엇인지, 그 원천이 어디에 있는지는 고전학파 정치경제학 시대에는 매우 중요한 관심사였다. 마르크스는 이윤은 자본가 계급이 노동자 계급으로부터 착취한 잉여가치surplus value에 있다고 주장하면서 이를 엄밀하게 논증하고자 했다. 잉여가치는 리카도의 노동가치론에는 존재하지 않는 새로운 개념이었다. 마르크스가 착취를 설명하기 위해서 주목한 것은 노동력이라는 상품이 지닌 특수한 성격이었다. 그는 노동력과 노동을 구분했는데, 마치 말장난 같기도 한 이러한 구분은 마르크스의 잉여가치론을 구성하는 핵심 요소이다.

[그림 5-2]의 노동력과 노동*은 마르크스의 아이디어를 비유적으로 표현한 것이다. 커다란 수조에 물이 가득 차 있다. 어느 시점에서 차 있는 물의 양을 '쌓여 있는 양'이라는 뜻에서 저량stock이라 부른다. 수조를 열어 물을 흘려보낼 때, 물은 매 초당 얼마씩의 비율로 흘러나간다. 일정한 시간당 흘

---

*   류동민, 《정치경제학 강의노트》, 충남대학교 출판문화원, 2022, p.112.

9명의 경제학자들

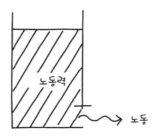

[그림 5-2] 노동력과 노동

러나가는 물의 양을 '흐르는 양'이라는 의미에서 유량flow이라 부른다. 노동력은 인간이 몸에 지니고 있는 육체적·정신적 능력, 즉 일할 수 있는 능력이다. 주어진 시점에서 각 인간은 교육과 훈련 등의 결과로 일정한 노동력을 갖추고 있다. 그러므로 비유하자면 노동력은 수조에 가득 찬 물의 양과도 같은 것이다. 이 노동력이 실제로 사용되는 과정, 자본가에게 고용되어 그의 지휘와 통제를 받으며 일하는 과정에서 노동력의 지출, 즉 노동이 발생한다. 노동은 비유하자면 수조에서 흘러나가는 물의 양이다. 수조의 비유는 여기까지다. 물이 다 빠져나가면 수조는 텅 빈 상태가 되지만, 노동력의 경우에는 그렇지 않다. 극단적인 노동 조건 때문에 노동자가 죽거나 더 이상 일할 수 없는 상태가 아니라면, 노동을 지출한 뒤에도 노동력은 그대로 유지된다. 물론 일정한 범위 안에서 가능한 일이겠지만, 노동자가 하루에 여덟 시간을 일하든 아홉 시간을 일하든 간에 노동력이 고갈되어 사라지는 것은 아니기 때문이다. 만약 하루에 네 시간 일하는 것으로 충분히 제값을 하는 노동자가 어떤 이유로 여덟 시간 일했다면, 그 초과분 네 시간의 결과물은 그에게 일자리를 주고 생산을 만들어낸 자본가의 것이 된다. 바로 이 차이가 자본가가 노동자로부터 무상으로 가져간 잉여노동, 즉 착취이며 이 착취에 기초하여 이윤이 발생하는 것이다. 결국 열려 있는 구멍으로 물이 얼마나 흘러나가도록 만드는가는 자본가와 노동자 간의 대립을 통해 결정된다.

마르크스는 모든 상품의 가치가 그 상품의 생산에 필요한 노동량에 의해 결정된다는 리카도의 명제를 계승하면서 변형시켰다. 그 핵심 중 하나가 노동력과 노동을 구분한 것이다. 자본주의 사회에서 상품으로 거래되는 것은 노동이 아니라 노동력이다. 만약 노동이 거래되는 것이라면 [그림 5-2]의 수조에서 흘러나가는 물의 양에 정확하게 비례해서 대가가 지급되는 것으로 간주하기 때문에 착취는 생겨나지 않는다. '일한 만큼 받는 것'이고 '무노동 무임금'의 원리가 관철될 것이다. 그러나 거래되는 것이 노동력이라면, 노동자가 거래

과정에서 받는 임금은 노동력의 가치에 의해 결정될 것이다. 문제는 일반 상품과 달리 노동력은 이윤을 목적으로 누군가가 생산하는 상품이 아니라는 점이다. 마르크스는 노동력이라는 상품의 가치는 노동자가 자신의 노동력을 유지하기 위해 필요한 상품들의 가치로 규정한다. 여기에 마르크스의 고전학파 경제학자적인 면모가 있다. 고전학파 경제학자들은 임금이 노동자의 생존비에 의해 결정된다고 보았기 때문이다. 어쨌든 마르크스의 핵심 포인트는 그렇게 결정된 노동력의 가치와 실제로 노동자가 생산 과정에서 만들어내는 가치가 같지 않다는 데 있다.

그런데 만약 전자가 후자보다 오히려 크다면 어떻게 될까? 자본가가 착취에 실패한다는 의미가 되므로 그 자본가는 이윤을 얻기는커녕 손실을 입게 될 것이고, 이런 상태가 지속된다면 그는 자본가로 살아남지 못한다. 결국 자본가가 자본으로서 살아남는다는 것, 좀 더 정확히 표현하자면, 자본가 계급이 계급으로 유지되고 있다는 것은 (설사 개별 자본가는 망할 수 있다 하더라도) 계급 전체로서 이윤을 얻고 있다는 뜻이고, 그것은 (설사 개별 노동자는 착취당하지 않을 수 있다 하더라도) 노동자 계급으로부터 잉여노동을 착취하고 있다는 증거가 된다. 잉여노동의 결과로 생산된 가치를 잉여가치라고 한다.

마르크스 자신은 특히 《자본론》 제1권에서 착취의 존재를 객관적으로 증명했다고 생각했다. 물론 마르크스의 설명에도 앞서 이윤이 경영 활동에 대한 보수라는 주장에서처럼 일종의 동어 반복이라는 혐의는 말끔하게 해소되지 않는 것이 사실이다. 그러나 [그림 5-2]와 같은 방식으로 노동을 설명할 때, 임금을 흘러나가는 부분에 대한 대가로 보는가 그렇지 않은가라는 관점의 차이는 마르크스의 경제학과 특히 19세기 말 이후에 성립한 신고전학파 경제학을 구분하는 결정적인 요소 중 하나이다. 착취라는 용어는 그 어감과 달리 마르크스에게는 규범적 개념이기 이전에 실증적 개념이었다. 즉 옳고 그름의 문제 이전에 있고 없고의 문제였다. 한 사회가 유지되기 위해서는 노동을 지출해야 하고 그 결과 사회가 현재 규모로 유지되는 데 필요한 것보다 더 많은 잉여가 생산되며, 그 잉여의 성격을 어떻게 구명하는가, 그리고 그 잉여의 배분을 둘러싼 경제 주체들 사이의 대립이 왜 중요한가라는 점에 주목한 것이 고전학파 경제학의 문제틀이었다. 마르크스는 여기에 그 잉여가 자본가 계급에 의해 노동자 계급으로부터 착취된 것이라는 주장을 덧붙였던 것이다.

마르크스는 이처럼 실증적으로 확립되는 착취 개념이 "사회적 생산력의 자본의 생산력으로의 전환"을 설명할 수 있다고 믿었다.* 자본주의 사회에서 노동자들은 각각 개별적이고 독립적으로 일하는 것이 아니라 함께 분업에 기초한 협업을 바탕으로 하나의 네트워크를 이루면서 생산한다. 이때 네트워크 전체는 각 개별 노동력의 성과를 합한 것보다 훨씬 더 큰 생산력을 발휘하게 된다. 이렇게 발휘된 생산력의 효과는 하나로 결합된 노동력 전체가 사회적으로 이루어낸 것이다. 그러나 자본주의 사회에서는 이를 자본의 힘으로 받아들인다. 물론 그것은 자본이 생산 수단을 소유하고 있기 때문이지만, 그 소유는 다시 생산 과정에서 하나의 권력으로 작동한다. 소유와 권력이 서로를 강화하면서 자본의 지배를 확립하는 메커니즘, 그것이 바로 마르크스가 파악한 자본주의의 본질이었다.

불변의 가치 척도와 전형 논쟁

리카도가 해결하지 못했던 불변의 가치 척도 문제는 마르크스에게로 이어졌다. 문제는 마르크스가 제시한 해결책

---

* 카를 마르크스, 《자본론》 2015년 개역판, I(상), 김수행 역, 비봉출판사, 2015, pp.453~454.

9명의 경제학자들

이 그의 생전에 완성된 형태로 출판되지 못했다는 것이다. 리카도의 문제를 다시 요약해보면, 산업마다 자본 장비와 노동의 결합 비율이 다르기 때문에 상품의 가치가 그 생산에 필요한 노동량에 비례하지 않는다는 것, 아울러 임금과 이윤의 분배 비율이 변하면 상품의 가치 자체가 변해버린다는 것이었다.

마르크스는 사후 10여 년이 지나서야 엥겔스에 의해 편집·출간된 《자본론》 제3권에서 생산 가격이라는 새로운 개념을 도입하여 리카도의 문제를 해결하고자 했다. 즉 시장에서 관찰되는 상품 가격은 해당 상품의 가치에 비례하는 것이 아니라, 각 산업마다 이윤율이 같도록 만들어주는 생산 가격을 중심으로 움직인다는 것이다. 다시 말해 가치는 생산 가격으로 전형(형태를 바꾼다는 뜻)되며, 그 생산 가격이 시장 가격의 움직임을 규제한다. 그런데 생산 가격은 가치와 직접 비례하지는 않으므로, 리카도처럼 가치와 가격이 비례하지 않는 것 때문에 고민할 필요는 없다. 예를 들어 노동 한 시간이 2만 원에 해당하고, 컴퓨터 한 대의 가치가 50시간, 쌀 10킬로그램의 가치는 한 시간이라 하자. 리카도라면 컴퓨터 한 대의 가격은 100만 원, 쌀 10킬로그램의 가격은 2만 원이 되며, 두 상품의 상대 가격은 컴퓨터 한 대당 쌀 500킬로그램이라 할 것이다. 그런데 컴퓨터 생산과 쌀 생산에 사용되는 자본과 노동의 결합 비율이 서로 다르기 때문에, 두 상품의 상대 가격이 이와 달라진다는 것이 불변의 가치 척도 문제였다. 마르크스는 이에 대해 컴퓨터와 쌀의 가치는 그대로이지만, 각각의 가격은 가치에 비례하는 것이 아니라 두 산업의 이윤율을 같게 만드는 가격 수준, 즉 생산 가격에 비례한다고 주장한 것이다. 생산 가격은 산업별 자본과 노동의 결합 비율에 따라 가치와는 다른 방식으로, 가령 컴퓨터와 쌀의 상대 가격은 컴퓨터 한 대당 쌀 ^(500킬로그램이 아닌) 600킬로그램으로 결정된다는 것이다. 그러므로 가치와 가격이 비례하지 않는 것은 이상 현상이 아니라 정상적인 상황이다. 컴퓨터의 생산 가격과 컴퓨터의 가치는 직접 비례하지는 않지만, 경제 전체에서 생산된 상품들의 총가치와 총생산 가격은 비례하게 된다. 이윤의 원천이 잉여가치라는 주장도 개별 산업, 예컨대 컴퓨터 산업의 이윤과 잉여가치가 비례하지는 않더라도, 경제 전체의 총이윤과 총잉여가치는 비례한다는 것으로 해석된다. 물론 마르크스가 숫자 예로 제시했던 이 해결책은 《자본론》 제3권이 출간되자마자 논란의 대상이었고, 결국 논리적 오류가 있는 것으로 판명되었다. 마르크스주의 경제학자들은 마르크스의 기본 정신을 살리면서 전형 과정의 논리적 오류를 수

정하는 방법을 제시하려고 노력했다. 이를 둘러싼 논쟁을 전형 논쟁이라 부른다. 마르크스의 착취 이론을 옹호하는 측과 반박하는 측 사이의 전형 논쟁은 꽤 오랫동안 이어져 1970년 대까지 주류 경제학자들도 다수 참여하는 경제학 역사에서 몇 손가락 안에 꼽힐 만한 논쟁으로 전개되었다.

전형 논쟁에도 참가했던 노벨 경제학상 수상자 폴 새뮤얼슨은 마르크스가 경제학적으로는 리카도의 아류에 지나지 않는다고 주장한 바 있다. 여느 경제학자들과 달리 마르크스를 평가하는 일은 이미 커다란 정치적 전선에 발을 들여놓는 격이다. 그래서 때로는 지나친 폄하, 때로는 지나친 신성화가 이루어졌다. 말하자면 대상으로부터 일정한 거리를 유지하기가 쉽지 않았던 것이다.

마르크스는 앞에서 설명한 바와 같이 리카도의 노동가치론을 계승하면서도 그것을 여러 측면에서 비틂으로써 자신만의 체계를 제시했다. 노동력과 노동의 구분 그리고 생산 가격이라는 개념의 도입이 대표적이다. 순전히 형식 논리로 보자면, 이윤의 본질을 착취로 설명하기 위해 노동력과 노동을 구분하는 논리를 추가했고, 불변의 가치 척도 문제를 해결하기 위해 생산 가격이라는 추가적인 개념을 가져왔다. 이러한 시도가 성공적이었는지, 그리고 그것이 리카도의 아류에

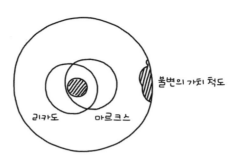

불변의 가치 척도

리카도   마르크스

[그림 5-3] 리카도로부터 마르크스로

지나지 않는 것인지 등은 여기에서 해결할 수 있는 문제는 아
니다. 다만 [그림 5-3]을 통해 리카도에서 마르크스로 넘어가
는 과정에서 노동가치론에 일어난 변화를 요약해볼 수 있다.
리카도의 노동가치론은 불변의 가치 척도라는 일종의 이상
현상, 즉 이론적으로 완벽하게 설명하기 어려운 문제에 부딪
혔다. 마르크스는 리카도 이론의 중핵 중에서 노동가치라는
개념(그림 가운데의 빗금 친 원)은 그대로 가져가면서도 새로운 개념들
을 도입하여 중핵 자체를 수정했다. 즉 리카도의 원과 마르
크스의 원은 공유하는 부분이 없는 것은 아니지만, 분명히 서
로 다른 것이다. 마르크스가 고전학파의 철저한 아웃사이더
였으면서도 동시에 고전학파의 아류로 폄하되는 근본적 원
인을 [그림 5-3]은 보여주고 있다.

이윤율 저하 경향의 법칙

마르크스는 어디에선가 정치경제학의 가장 중요한 법칙으로 이윤율 저하 경향의 법칙을 꼽았다. 자본주의 경제가 장기적으로는 이윤율이 저하하고 축적이 멈추는 정체 상태로 갈 것이라는 견해는 고전학파 경제학자들이 상당 부분 공유하고 있던 명제였다. 리카도의 경우에 그 궁극적 원인은 지대의 증가에 있었고, 존 스튜어트 밀 또한 유사한 비전을 갖고 있었다.* 흥미로운 점은 고전학파 이후의 경제학자들 중에도 장기적으로 경제 성장이 정체될 것이라고 예측한 이들이 많았다는 것이다. 제6장과 제7장에서 다룰 왈라스나 케인스도 그러했다. 경제학이 우울한 학문이라는 평가는 그래서 여전히 유효한 것일지도 모른다.

다만 마르크스는 우울한 비전을 가진 경제학자들과는 구별되는 독특한 요소를 지니고 있었다. 일단 그는 비록 구체적인 청사진을 제공한 것은 아니지만, 흔히 이해되는 사회주의 혹은 공산주의 사회를 지향한 인물이었기 때문에, 설사

---

* 다만 밀은 그것을 우울한 상태로 묘사하지 않고 인간이 물질적 부의 추구로부터 자유로워지는 상태로 해석했다.

자본주의 자체가 이윤율의 저하와 그에 따른 공황, 경제 성장의 정체 등의 우울한 전망을 갖는다 하더라도 자본주의 이후의 새로운 사회*에서는 그것을 넘어 인간의 역량을 충분히 발휘할 수 있는 전망이 열린다고 보았다.

그런데 다소 막연한 자본주의 이후 사회의 전망은 제쳐 두더라도, 이윤율이 저하되는 원인에 관한 마르크스의 관점은 독특한 것이었다. 앞에서 설명한 것처럼, 리카도는 수확 체감의 법칙에 따라 불로소득에 해당하는 지대가 점점 증가하여 이윤을 잠식해 들어간다는 입장을 취했다. 그러나 수확 체감이라는 것 자체는 이론적으로는 기술이 빠른 속도로 발전할 때 극복 가능하다. 리카도처럼 농업 생산에 초점을 맞춘다면, 만약 슈퍼 옥수수처럼 작은 면적의 농지에서도 많은 수확량을 가능하게 해주는 기술이 연이어 개발된다면, 토지 면적이 제한되어 발생하는 수확의 한계를 넘어설 수 있기 때문이다. 요컨대 기술 진보의 무궁무진한 가능성을 일단 차단

---

* 특히 《자본론》에서 마르크스는 사회주의라는 용어를 거의 사용하지 않았다. 미래 사회를 설명할 때에는 "자유로운 개인들의 연합" 같은 추상적인 표현을 사용했을 뿐이다. 글자 그대로는 마치 존 스튜어트 밀의 자유사회주의와도 유사한 느낌을 주는 이 표현은 특히 소련 등의 사회주의 국가들이 붕괴된 뒤, 최근에 와서는 자본주의 이후 사회에 대한 마르크스의 시각으로 새롭게 주목받고 있다.

　　　9명의 경제학자들

하는 것이 리카도 이윤율 저하 이론의 중요한 전제가 되는 셈이다. 그러나 마르크스는 젊은 시절에 쓴 《공산당 선언》에서부터 자본주의 경제가 끊임없는 기술 진보를 가져온다는 점을 강조한 바 있었다. 이러한 인식은 《자본론》에서도 그대로 이어진다. 단지 더욱 정교한 형태로 자본주의 사회의 기술 진보가 특정한 방향으로 일어난다고 설명했을 뿐이다. 즉 자본 축적의 진전에 따라 노동력에 비해 기계 등의 생산 수단이 차지하는 비중이 점점 커진다는 것이다. 마르크스는 이를 자본의 유기적 구성이 커진다고 표현했다. 유기적 구성이 커질수록 똑같은 자본 축적이나 경제 성장 규모에 비해 필요한 노동력은 점점 줄어들어 항상적인 노동력 과잉이 발생한다. 이는 리카도가 《정치경제학과 과세의 원리》 제3판에 끼워 넣은 기계에 관한 장에서 지적했던 가능성을 체계화시킨 것으로 볼 수 있다. 마르크스의 이러한 주장을 상대적 과잉인구론이라 부르는데, '상대적'이라는 말은 자본주의 체제에서 발생하는 노동자들의 실업이 마치 맬서스가 주장한 것처럼 인구가 '절대적'으로 많아서는 아니라는 것이다. 실제로 마르크스는 맬서스에 대해 정치적으로는 물론 이론적으로도 매우 비판적이었는데, 자본주의 사회의 특유한 인구 법칙을 보지 못하고 생물학적 차원의 인구 문제로 바꿔버렸다는 이유 때문이었다. 마르크스적 관점에 따르면, 예컨대 경제 성장률이 5퍼센트라고 해서 일자리가 5퍼센트 늘어나는 것은 아니다. 일자리가 줄어들고 불안정해지는 것은 성장률이 낮거나 인구 증가율이 높아서가 아니라 자본주의적 축적의 성격이 원래 그렇기 때문이다. 흔히 일자리 문제를 대기업의 투자 촉진으로 해결하자는 논리가 마르크스 경제학자들의 입장에서는 자본 논리의 옹호에 지나지 않은 것으로 비판되는 까닭이기도 하다.

그러나 더 중요한 것은 이윤율 저하가 유기적 구성을 높이는 기술 진보 때문에 발생한다고 보았다는 사실이다. 마르크스의 이론 체계에서 이윤의 원천은 자본가 계급이 노동자 계급으로부터 착취하는 노동에 있다. 그런데 기술 진보가 빠르면 빠를수록 노동자의 노동이 생산에서 차지하는 상대적 비중은 점점 작아진다. 그것은 자본가 계급이 착취할 수 있는 노동의 양 자체가 상대적으로 점점 줄어든다는 뜻이고, 이는 결국 이윤율의 저하를 가져올 수밖에 없다. 혹시 이윤율 저하에 직면한 자본가가 기술 진보를 멈출 수는 없을까? 마르크스의 표현을 빌리자면, 자본가 간의 경쟁이라는 외적 강제 때문에 그것은 불가능하다. 새로운 기술 개발에 성공하여 경쟁자에 비해 더 유리한 조건에서 더 높은 이윤율을 얻는 것은 개별 자본의 사활을 건 목표가 된다. 남들이 다섯 시간의 가치로 생산하는 상품을 세 시간에 생산할 수 있는 자본은 그 차이인 두 시간에 해당하는 초과 이윤을 얻는다. 설사 집단적으로 자본 전체의 이윤율이 하락한다 하더라도 이 개별 자본은 높은 이윤율을 얻을 수 있다. 그러므로 자본 간의 경쟁이라는 논리는 이 모든 과정을 멈출 수 없게 만든다.

요컨대 마르크스의 이론에서는 기술 발전이 없기 때문이 아니라 기술의 빠른 발전이 이윤율을 저하시킨다. 자본주의 사회의 가장 중요한, 그리고 어떤 의미에서는 긍정적인 특성이 자본 축적 그 자체를 저해하는 요인으로 작동하는 구조, 외부적 충격에 의한 것이 아니라 자율적으로 굴러가는 메커니즘 그 자체가 메커니즘의 원활한 운행을 위기에 빠뜨리는 구조가 존재한다는 것이다. 이윤율 저하 이론의 타당성 여부를 떠나, 이러한 논리 구조는 이론가에게 아주 매혹적인 것이라 하지 않을 수 없다. 경제학자들은 흔히 경제 현상을 설명하기 위해 현실을 단순하게 만드는 몇 가지 가정을 세운 다음, 그에 기초하여 모델을 구축한다. 그리고 그 모델을 구성하는 경제 변수들 사이의 관계를 분석하고, 어떤 변수가 변화할 때 전체 시스템에 어떤 영향을 미칠 것인가를 생각한다. 그런데 이렇게 구성된 시스템에서 필연적으로 발생할 수밖

에 없는 특정한 변화 방향을 도출할 수 있다면, 경제학자로서
는 큰 지적 즐거움을 맛볼 것이다. 마르크스의 시대에 이윤
율 저하는 노동가치론과 마찬가지로 일종의 경제학적 상식
같은 것이었다. 그러한 학문적 상식을 자신만의 독특한 개념
규정에 기초하여 논증할 수 있다는 것은 견줄 데 없는 학문적
희열이었을 것이다.

<u>21세기의 마르크스</u>

사상가로서의 마르크스에 대한 평가는 20세기 사회주의
의 실험과 실패라는 역사적 사실로부터 자유롭지 못하다. 현
실사회주의의 실패를 오로지 마르크스 탓으로 돌리는 것도
잘못이지만, 그렇다고 마르크스의 책임이 전혀 없다고 주장
하기도 힘들다. 21세기에도 마르크스를 읽는 것이 의미가 있
는가라는 물음이 제기되는 까닭이기도 하다.

경제학자로서의 마르크스는 어떨까?

노동가치론을 받아들이지 않더라도 자본과 노동의 대립
은 단지 불공정한 소득 분배로 말미암은 빈부 격차의 문제를
넘어 생산 과정 안에서의 지휘와 통제 권력, 그리고 그것을
견제하기 위한 민주주의적 요구라는 점은 매우 중요한 문제

제기라 할 수 있다. 프롤레타리아만이 역사 발전을 이끄는 유일한 계급이라는 메시아주의적 발상을 벗어나더라도 민주주의가 단지 정치권력을 투표로 뽑는 수준의 문제가 아니라 대부분의 사람들이 먹고사는 생산 현장에서의 권력 행사와 그에 대한 견제라는 관점은 소중한 것이다. 외부의 힘으로 저지할 수 없는 자본의 논리가 자율적 메커니즘을 갖고 움직이면서 생산 과정 내에서의 착취와 계급 대립, 실업, 이윤율 저하 등을 산출한다는 것을 보여주는 마르크스 이론 체계의 구조적 특성은 여전히 현대 자본주의를 이해하는 실마리를 제공하고 있다. 글로벌한 규모에서의 감염병 위기가 닥쳐도 자본 축적의 논리는 쉬지 않고 작동하는 현실, 인류 전체에 닥친 위기 속에서도 이윤을 획득하고 축적하는 자본의 움직임은 멈추지 않는다는 사실이 이를 증명한다.

착취 이론 또한 현대 자본주의의 변화 속에 새롭게 그 의미를 해석할 필요가 있다. 이른바 플랫폼 경제에서 노동자는 물론 중소 자영업자나 소비자에 이르는 다양한 경제 주체는 플랫폼이라는 판을 깔아놓은 자본의 네트워크에 들어가지 않으면 생존하기가 어렵다. 그 네트워크가 낳은 막대한 이익을 창출한 것은 누구인가라는 물음도 플랫폼이 없으면 아무 이익도 없다는 현실 앞에 스러져버린다. 마르크스는 노동의 사회적 생산력이 자본의 생산력으로 전환되어 나타나는 것이 자본주의적 착취의 본질이라 생각했다. 노동자가 결합된 사회적 힘의 산물이 자본가의 것으로 바뀌는 현실을 지적한 것이다. 그러므로 플랫폼에 주어진 권력을 어떻게 민주적으로 통제할 것인가 하는 문제는 여전히 마르크스 자신의 문제의식과도 맥이 닿아 있다.

자유주의와
사회주의는
양립할 수 있을까

한계혁명과 신고전학파

1870년대가 되면 경제학의 역사에서 거의 유일하게 '혁명'이라 불리는 커다란 변화가 일어난다. 한계혁명Marginal Revolution이 그것이다. 그 밖에 혁명이라는 수식어가 붙는 사건으로는 20세기 전반 케인스의 등장을 들 수 있다. 그러나 한때 유력하게 사용되던 '케인스 혁명'이라는 용어는 케인스주의의 쇠퇴와 더불어 거의 쓰이지 않는 용어가 되었으므로 남는 것은 한계혁명뿐이다. 물론 공식적인 역사란 늘 승자의 입장에서 내놓는 해석이므로 주류 경제학의 입장에서 그렇게 정리된 것이기는 하지만.

[그림 6-1]에서 보는 것처럼, 고전학파 포물선 끝자락의

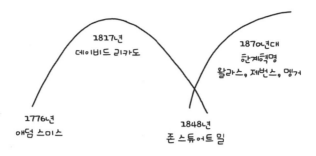

1817년
데이비드 리카도

1870년대
한계혁명
왈라스, 제번스, 멩거

1776년
애덤 스미스

1848년
존 스튜어트 밀

[그림 6-1] 한계혁명

시기에 경제학에서는 패러다임의 교체가 일어난 셈이며, 이는 고전학파 경제학의 본고장인 영국은 물론 유럽 대륙에서 동시다발적으로 진행되었다. 신고전학파the Neoclassical School 경제학의 등장은 '정치경제학'이라는 용어를 '경제학'으로 바꾸는 과정과 거의 동시에 일어났다. 영국의 스탠리 제번스, 독일어권의 카를 멩거와 함께 이 혁명을 이끈 인물이 바로 프랑스의 왈라스이다.*

한계혁명이라는 용어에서도 잘 드러나듯이, 이 변화의 결과 '한계marginal'라는 개념은 경제학 교과서를 질적으로는 물론 양적으로도 압도하는 용어로 등장한다. 한계효용, 한계생

---

* 프랑스어 발음은 '발라'이지만, 관행에 따라 왈라스로 표기한다.

9명의 경제학자들

산물, 한계대체율 등 '한계○○'이라는 용어 없이 대학 1~2학년 수준의 경제학 공부를 한다는 것은 불가능하다. 사과의 한계효용은 사과 한 개를 더 소비할 때 얻는 효용의 증가분, 노동의 한계생산물은 노동 한 단위가 더 고용될 때 생산물의 증가분…. 한계라는 개념은 어떤 변수의 증가분에 주목한다는 뜻이고, 수학적으로는 미분 개념의 도입을 의미한다. 종속변수 y가 독립변수 x의 영향을 받아 움직인다고 할 때, x의 변화분에 대한 y의 변화분의 비율, 즉 $\Delta y/\Delta x$에 주목하는 것이다. 리카도의 지대 이론에서 보듯이 한계 개념에 대한 인식은 오래전부터 있었지만, 그것은 신고전학파의 등장과 함께 경제학에 본격적으로 도입된다.

신고전학파가 현대 주류 경제학의 뿌리인 만큼, 예컨대 스미스나 리카도, 마르크스의 저작과는 다르게, 제번스나 왈라스의 저작은 지금의 경제학 원론이나 미시경제학 교과서에서 볼 수 있는 친숙한 그림이나 수식으로 가득 차 있다. 부의 생산에 관한 논의로 시작하는 것이 일반적이던 고전학파 시대의 저작과 비교했을 때, 왈라스의 저작은 교환의 이론에 관한 논의에서 출발하여 생산의 이론으로 넘어간다. 버전의 차이는 있지만 대부분 노동가치론을 받아들인 고전학파 시대의 경제학자들과는 달리 상품 가격 결정에 있어서의 희소성이나 효용, 따라서 수요의 역할이 전면에 부각된다. 신고전학파의 등장과 더불어 객관가치론이 주관가치론으로,* 생산우위론이 교환 혹은 소비 우위론으로 바뀐다는 통속적인 설명은 확실히 일리가 있다. 경제학을 지식의 누적적 발전 과정으로 본다면, 신고전학파의 등장은 고전학파의 오류를 극복하면서 새롭고 더 정확한 지식으로 가는 길을 열었다고 볼 수 있다. 그러나 설사 그렇다 하더라도 경제 문제에 접근하는 이론적 관점 자체가 크게 변화한 것은 분명한 사실이다. 비유하자면 경제학의 역사가 초등 수학에서 중등 수학, 다시 고등 수학 같은 식의 점진적인 지식의 축적이 아니라 새로운 개념을 통한 재구성에 의해 비약적으로 이루어진다는 관점**은 신고전학파의 등장에서 분명해진다. 그러나 다시금 이러한 재구성이 여전히 틀린 지식을 버리고 진리를 향해 나아가는 과정으로 간주하는가 아닌가에 따라 경제학의 역사를 보는 시각이 결정된다. 신고전학파적 입장에 반대하는 다양한 흐름의 비주류 경제학에서는 경제학의 역사를 다른 방

---

* 노동을 얼마나 들이는가는 객관적인 요소이고, 소비자의 심리적 만족(효용)은 주관적 요인이라는 뜻이다.

** Alessandro Roncaglia, *The Wealth of Ideas: A History of Economic Thought*, Cambridge University Press, 2005, p.5.

9명의 경제학자들

식으로 해석할 수 있는 것이다.

　한계혁명을 거치면서 경제학은 희소한 수단을 효율적으로 배분하여 주어진 목적을 달성하는 과정을 연구하는 학문이 되었다. 더 이상 리카도처럼 계급 간의 분배 원리를 규제하는 법칙을 찾거나, 마르크스처럼 이윤의 본질을 추구하는 학문이 아니게 된 것이다. 엄밀하게 정의되는 목적과 수단의 관계에만 집중하는 것은 얼핏 경제학의 관심과 적용 대상이 현저하게 줄어든 것처럼 보일지도 모른다. 그러나 현실은 정반대였다. 경제학은 좁은 의미의 경제 문제를 넘어서는 거의 모든 문제들에 대해 목적-수단-극대화 원리의 분석틀을 갖다 대는 '제국주의적 학문'이 되었던 것이다.

왈라스의 생애

　프랑스의 경제학자 오귀스트 왈라스^{Auguste Walras}의 아들로 태어난 레옹 왈라스^{Léon Walras(1834~1910)}는 스스로 밝힌 것처럼 아버지의 이론적 영향을 많이 받았다. 그는 근대적인 의미에서 거의 최초의 수리경제학자라고도 할 수 있으나, 대학 입학 당시에는 이공 계열의 명문 대학인 에콜 폴리테크니크 시험에 불합격하여 국립광업학교^{École des Mines}에서 공부했다.

왈라스가 처음부터 아카데미즘에 몸담은 것은 아니었다. 그는 기자, 철도 회사 사무원 등의 직업을 전전하다 1870년 스위스 로잔 대학 경제학과의 교수가 되었다. 대표적인 저작은 1874년에 출간된 《순수 정치경제학 요론*Éléments d'économie politique pure*》이다.* 그는 순수 정치경제학, 응용 정치경제학, 사회경제학의 세 가지로 이루어진 체계를 구상했다. 특히 사회경제학은 시장에서의 생산과 소비 등의 문제를 다루는 순수 정치경제학과 달리, 정의의 원리에 기초하여 소유권 등의 문제를 다루는 것으로 설정되었다. 현대 주류 경제학의 뿌리인 신고전학파 경제학의 창시자 격이면서도 왈라스는 토지국유화를 주장하고 자유주의와 사회주의의 결합을 추구하는 정치적 성향을 가진 점이 특이하다. 그러나 그의 사회 개혁 사상은 크게 주목받지는 못했던 것 같다. 더구나 주류의 관점에서 해석된 경제학의 역사 속에서 왈라스의 개혁 진보적 측면은 거의 잊혀버렸다.

---

* 왈라스가 여전히 '정치경제학'이라는 용어를 사용하고 있음에 주목하자. 1890년 케임브리지의 앨프리드 마셜이 《경제학 원리*Principles of Economics*》를 출간하면서 '경제학'이라는 용어가 정착되었다.

경제학에서 수학의 사용

현대 경제학이 가지고 있는 이른바 도구상자의 핵심 요
소는 수학적 지식이다. 평범한 학부생이라도 경제학을 전공
하려면, 미적분학과 선형대수학에 관한 기초 지식을 가져야
한다. 대학원에 입학하는 순간 경제학 학습에 필요한 수학
지식은 그야말로 도약하는데, 집합론이나 위상수학에 관한
기초 지식이 없으면 기본 교재를 이해하기도 힘들 정도이다.
수학을 좋아하는 사람보다 싫어하는 사람이 훨씬 많기 때문
이라는 현실적인 이유에다, 나아가 좀 더 심오하게는 과연 인
간의 복잡다단한 행동을 수학식으로 표현하는 것이 옳은가
라는 철학적 거부감까지 겹쳐 경제학에서 수학을 사용하는
것에 대한 혐오는 경제학자들보다는 일반인, 주류 경제학자
보다는 비주류 경제학자에게서 두드러지게 나타난다.

신고전학파 경제학이 특히 미분학의 도입을 통해 경제
학에서 수학의 사용을 비약적으로 늘린 것은 맞지만, 그것
은 한편으로는 19세기 말 정도면 미적분학이 다른 분야에도
광범하게 적용되기 시작한 것과도 관련이 없지는 않다. 이
미 고전학파 혹은 그 성립 이전부터 적어도 사회적 부를 측정
하고 계산한다는 의미에서의 수학은 경제학의 필수적인 구

성 요소였다. 왈라스가 "사회적 부의 본질을 고찰하는 이론이 역학이나 물리수학과 마찬가지로 수리물리학적인 과학이라면, 경제학자들도 수학적 방법이나 언어의 사용을 두려워해서는 안 된다"*라고 주장한 것은 이러한 맥락에서였을 것이다. 이러한 생각으로부터 수학을 통해 경제 현상의 법칙적 재현이 가능하다는 견해로 나아가는 것은 그다지 어려운 일이 아니다. 아마도 거의 비슷한 시기에 이루어졌을 두 가지 주장을 비교해보자.

> 현대 산업의 기적을 실현시키는 것은 기하학과 대수학의 기초적인 정리들을 엄밀하게 증명하고, 그다음으로는 해석학과 거기서 도출되는 역학의 정리들을 엄밀하게 증명하여 그것들을 실험적인 자료에 적용하는 것에 의한다. 이제 경제학에서도 똑같은 방법이 있어야겠다. 그러면 우리는 물리적·산업적인 질서 속에서 그러한 것과 마찬가지로 경제적·사회적인 질서 가운데 사물의 본질에 대하여 작용을 할 수 있게 될 것이다.**

---

*   로버트 하일브로너, 《고전으로 읽는 경제사상》, 김정수 역, 민음사, 2001, p.261
     에서 재인용.

**   레옹 왈라스, 《순수경제학》, 심상필 역, 민음사, 1996, p.518.

과학은 발전할수록 수학의 영역으로 진입하는 경향이 있어왔
다. 수학은 말하자면 과학이 수렴하는 영역인 것이다. 미적분
이라는 접근법을 얼마나 용이하게 응용할 수 있는가에 따라서
어떤 과학의 완성도를 판단할 수 있을 것이다. 나는 경제 위기
의 기본 법칙을 수학적으로 결정할 수 있을 것이라고 믿어왔
고 또 지금도 그렇게 믿고 있다.*

첫 번째 인용문은 왈라스의 것이고, 두 번째 인용문은
마르크스의 것이다. 현대의 마르크스 경제학은 신고전학파
경제학의 대척점에 놓여 있고, 반드시 그런 것은 아니지만 수
학적 방법을 통한 경제 현상의 재현에 거부감을 갖는 대표적
인 학파라고 할 수 있다. 그러나 위의 인용문은 마르크스가
가진 생각이 적어도 추상적 원리에 있어서는 왈라스의 생각
과 크게 다르지 않았음을 보여준다. 단지 인용문 몇 개로 일
반화할 수 있는 것은 아니겠으나, 19세기 후반에 경제학에서
수학의 사용을 적극적으로 도모하려는 모종의 지적 분위기
가 형성되었음을 엿볼 수 있다.

---

* 윤소영, 《마르크스의 『자본』》, 공감, 2009, p.11에서 재인용.

한계원리: 지나간 일은 잊어라

인간의 행동을 설명하는 보편적 원리로서의 한계원리는 의사 결정 순간부터 발생할 편익과 비용을 비교하는 것에 기초한다. [그림 6-2]에서 t_0는 경제 주체가 의사 결정을 내리는 시점을 나타낸다. 그 주체의 현재 상황은 이미 과거에 이루어진 여러 가지 의사 결정의 결과라 할 수 있다. 그리고 지금 내리는 의사 결정은 미래에 이 주체에게 유리한 영향, 즉 편익과 불리한 영향, 즉 비용을 발생시킬 것이다. 한계원리는 t_0의 시점에서 예상되는 미래의 편익과 비용만 고려하여 의사 결정이 이루어짐을 의미한다. 물론 우리는 일상생활에서 과거에 들인 비용, 경제학자들이 매몰 비용이라고 부르는 것에 얽매여 합리적인 의사 결정을 그르치기도 한다. 주가가 폭락

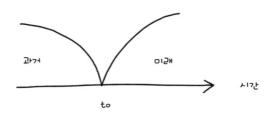

[그림 6-2] 한계원리의 시간

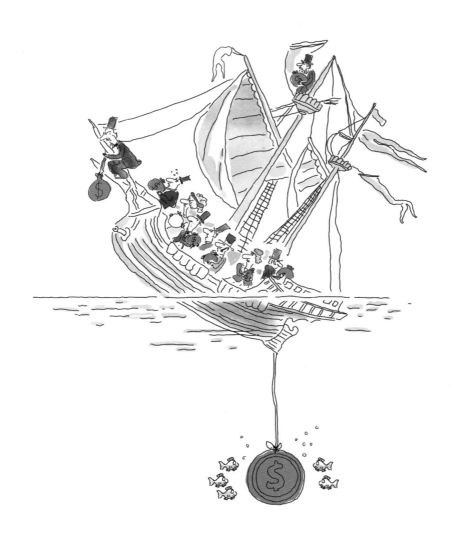

하는데도 날려버린 투자금이 아까워 요행을 바라면서 손절하지 못하거나 심지어는 본전을 되찾을 생각에 더 많은 돈을 투자하기도 한다. 한계원리는 그와 같은 의사 결정이 비합리적임을 말해준다. 여기에서 과연 한계원리가 실제로 사람들이 그렇게 행동한다고 묘사하는 원리인지, 그렇게 해야 마땅하다고 주장하는 행동 지침인지 잠시 혼란스러워진다. 전자를 실증적 명제, 후자를 규범적 명제라고 부를 수 있다. 인간은 이기적으로 행동한다고 가정하는 경제학을 공부한 사람은 자신도 더 이기적으로 되는가라는 주제를 진지하게 검토하는 행동경제학적 논문들이 여전히 출간되는 것을 보면, 이 물음에 간단하게 답할 수 있는 것은 아니다. 실제 교과서에서 실증적 명제라고 가르쳐도 그것을 학습하는 과정에서 무의식적으로 규범적인 것처럼 받아들이는 현상은 종종 일어나기 때문이다. 신고전학파 경제학에서 도입된 한계원리는 이렇게 실증적 성격과 규범적 성격이 뒤섞인 채 수용된다. 이기적이면서 합리적인 신고전학파적 인간 유형, 이른바 호모 이코노미쿠스에 대한 비판조차도 최소한 정서적으로는 인간이 그렇게 행동해야 한다는 주장에 반감을 품고 있기 때문임을 부정하기는 어려울 것이다. 개인의 이기적 의도가 사회적으로는 바람직한 결과를 낳는다는 것이 애덤 스미스의 논리였다. 그러나 마찬가지로 스미스의 《도덕감정론》의 논리에 따라, 지나치게 이기적인 행동은 타인으로부터 비난을 받거나 당사자조차 주춤거리게 만든다.

그런데 [그림 6-2]가 함축하는 시간 개념이 신고전학파의 전유물은 아니다. 고전학파 그리고 마르크스의 대표적 이론인 노동가치론 또한 어떤 의미에서는 유사한 시간 개념에 기초하고 있다. 노동가치론에 따르면, 어떤 상품의 가치는 그 상품을 생산하는 데 사회적으로 필요한 노동 시간에 의해 결정된다. 이때 사회적으로 필요한 노동 시간은 얼핏 생각하는 것과 달리 상품에 이미 투입된 노동량과는 다른 개념이다. 마르크스는 물론 리카도에게 있어서도 노동가치론은 재생산이 가능한 상품에 적용되는 이론이었다. 재생산이란 쉽게 말해 존재하는 것과 똑같은 것을 다시 만들어낼 수 있는가라는 것이다. 골동품이나 토지는 재생산 가능한 상품이 아니므로 노동가치론의 적용 대상에서 제외된다. 예를 들어 컴퓨터 한 대를 새로 만든다고 할 때, 그 가치는 현재 존재하는 컴퓨터에 투하된 노동 시간이 아니라 지금부터 재생산을 시작했을 때 필요한 노동 시간과 같다. 컴퓨터를 생산하기로 한 의사 결정이 [그림 6-2]의 시점 t_0에 내려진다면, 그 가치는 오른쪽, 즉 지금부터 생산이 완결되는 시점까지의 미래에 발생하는 조건에 따라 결정되는 것이다. 과거에 만들어져 시점 t_0에 존재하고 있는 컴퓨터에 투하된 평균적인 노동 시간이 50시간이라 하더라도 같은 시점에 이미 40시간의 노동으로 컴퓨터를 만들어내는 생산력의 발전이 이루어졌다면, 컴퓨터 한 대의 가치는 40시간으로 결정된다. 지금부터 생산을 시작하면 40시간 뒤에 컴퓨터가 완성된다는 뜻이다. 요컨대 사회적으로 필요한 노동의 양이 기본적으로 평균 개념임에는 틀림없지만, 이미 한계라는 시간 개념이 들어와 있는 셈이다.

기여에 따른 분배

제5장의 [그림 5-2]에서는 마르크스의 착취 이론을 수조에 가득 찬 물과 한쪽 구멍으로 흘러나가는 물, 즉 스톡stock(저량)과 플로flow(유량)의 구분을 통해 비유적으로 설명했다. 만약 자본주의 경제에서 소득 분배가 플로에 비례해 이루어진다면, 마르크스적인 착취 개념은 설 자리를 잃는다. 19세기 말에서 20세기 초에 걸쳐 집중적으로 개발된 한계생산력설이라는 소득 분배의 원칙이 바로 그것이다. 마르크스는 ^(초고로 남겨놓은) 《자본론》 제3권 마지막 부분에서 이른바 삼위일체의 공식을 비판한 바 있다. 생산 요소를 노동, 자본, 토지로 분류

한다면, 각각에 대해 임금, 이윤(혹은 이자), 지대가 일대일로 대응된다고 보는 자본주의적 관념을 기독교 교리에 빗대어 신랄하게 비판한 것이다. 자본에 이윤이 아니라 이자가 대응되는 것은 경영자의 '경영 노동'에 대한 대가를 임금으로 간주하면 이윤 중에서 남는 것은 이자일 뿐이기 때문이다. 한계생산력설의 대표적인 창시자라 할 수 있는 존 베이츠 클라크는 1899년에 출간된 《부의 분배The Distribution of Wealth》에서 "자유로운 경쟁하에서는 노동에게는 노동이 만든 것, 자본에게는 자본이 만든 것 그리고 기업가에게는 조정 기능coordination function 이 만든 것이 주어진다"라고 썼다.* 이것이 마르크스가 말한 삼위일체 공식의 전형이다.

그런데 왈라스에게는 이러한 한계생산력설로 향하는 징검다리가 만들어져 있었다. 그는 자본, 노동, 토지라는 세 가지 생산 요소를 일종의 스톡으로 간주하고 그 각각으로부터 흘러나오는 플로를 자본 서비스, 인적 서비스, 토지 서비스라 불렀다.** 그리고 뒤에서 설명하는 일반 균형 이론의 틀

---

* 류동민·주상영,《우울한 경제학의 귀환》, 한길사, 2015, p.68에서 재인용.

** Léon Walras, *Elements of Theoretical Economics or The Theory of Social Wealth*, Translated and edited by Donald A. Walker & Jan van Daal, Cambridge University Press, 2014, p.199.

속에서 모든 상품의 가격과 이들 서비스의 가격이 동시적으로 결정되는 이론을 제시했다. 따라서 고전학파 경제학자들이나 마르크스가 중요하게 생각했던 이윤율, 즉 상품 생산에 투입되는 상품 스톡에 대한 이윤의 비율은 플로로 흘러나오는 자본 서비스의 대가로 대체된다. 시장이 경쟁적이라면, 즉 어떤 서비스의 공급자가 독점적인 힘을 갖고 있어 정상적인 대가 이상으로 가격을 받아가지 않는다면 마르크스적 의미의 착취는 더 이상 발생하지 않는다. 한국 사회에서 오랫동안 논란의 대상이었던 '무노동 무임금'이라는 원칙은 노동을 노동력에서 흘러나오는 서비스로 간주할 때 완벽하게 지지된다.

소득 분배가 정상적인 상황, 즉 시장 구조가 경쟁적이라면, 각 서비스의 기여에 따라 결정된다는 것은 규범적 의미도 충족시킨다. 다시 말해 누구나 자신이 지닌 생산 요소가 생산에 기여한 만큼만 받아간다면, 생산 요소의 보유량에 따른 불평등은 생겨날지 몰라도 분배 절차의 공정성이라는 원칙은 지켜질 것이기 때문이다. 이것은 능력주의적 직관과도 잘 들어맞는다. 설사 시장 구조가 경쟁적이지 않아서 이 원칙이 깨지는 상황이라 하더라도, 해결책은 분배를 개선하기 위한 모종의 정책을 실행하는 것이 아니라 시장 구조를 더욱 경쟁적으로 만드는 것이 된다. 현대 경제학 교과서에 착취라는 용어가 등장하는 유일한 예는 독점 기업이 독점적 힘을 이용하여 경쟁 가격보다 높은 가격을 받거나 낮은 가격을 지불하는 경우뿐이다.*

본질환원론과 일반 균형 이론

상품 가격이라는 현상의 본질이 노동이라고 주장하는 것이 노동가치론이라면 그것은 일종의 본질환원론이라 할 수 있다. 물론 노동가치론에도 여러 가지 버전이 있기 때문에 일률적으로 판단하기는 곤란하지만, 어떤 의미에서건 우리 눈앞에 보이는 시장 가격의 배후에는 논리적으로 그것보다 먼저 결정되는 무엇(가치)이 있다는 뜻이기 때문이다. 그 본질이 노동에서 왈라스의 개념인 '최종 효용final utility'으로 바뀐 것이 한계혁명의 중요한 요소임에는 틀림이 없다. 왈라스는 희소성rareté이라는 개념을 최종 효용, 즉 한계효용과 같은 의미로 사용한다. 상품 가격은 더 이상 그 생산에 필요한 노동 시간이 아니라 최종 욕망의 강도에 의해 결정된다. 애덤 스

---

* 전자를 독점적 착취, 후자를 수요독점적 착취라고 부른다.

미스가 제기한 물과 다이아몬드의 역설*은 그렇게 해결된다. 즉 물은 생명 유지를 위해 꼭 필요하지만 _(적어도 19세기 기준으로는) 양적 제한 없이 풍부하기 때문에 최종 욕망의 강도는 0이 되고, 다이아몬드는 물처럼 꼭 필요하지는 않더라도 존재하는 양에 비해 욕망이 크기 때문에 최종 욕망의 강도가 크다는 것이다.

그런데 왈라스는 "만약 희소성과 교환 가치가 두 가지 동시적이고 비례적인 현상이라면, 희소성이 교환 가치의 원인이라는 것도 분명하다"**라고 주장함으로써 여전히 본질환원론의 뉘앙스를 풍긴다. 욕망의 강도는 기본적으로 주관적 요인이기 때문에 이를 객관적으로 측정할 수 있는가는 한계혁명 당시부터 논란의 대상이 되었다. 지금도 중고등학교 사회 교과서나 심지어는 대학 수준의 경제학 입문 교과서에 아이스크림 하나를 먹었을 때 효용이 10만큼 증가하고, 두 개째는 8만큼 증가한다는 식의 서술이 실리는 것도 이와 관련이

---

* 스미스는 사용 가치와 교환 가치의 차이를 설명하기 위해 이 예를 들었다. 사용 가치는 물이 다이아몬드보다 훨씬 더 크지만, 교환 가치는 다이아몬드가 물보다 비교가 되지 않을 정도로 더 큰 것이다. 그러므로 스미스의 입장에서 이것은 결코 역설이 아니다.

** Léon Walras, 앞의 책, p.113.

9명의 경제학자들

있다. 사실 신고전학파 경제학은 효용을 객관적으로 측정할 수 있기 때문에 다른 사람들 사이에도 비교 가능하다는 생각에서 객관적인 지표로 측정하는 것은 불가능하지만 자신의 소비에 대해서는 좋아하는 순서대로 서열을 매길 수 있다는 생각을 거쳐 마침내는 굳이 효용이라는 개념을 설정하지 않더라도 이론 체계에 별문제가 없다는 생각으로까지 발전하게 된다. 요컨대 경제 주체들이 자신의 이익을 위해 합리적으로 행동한다면 굳이 주관적 만족의 정도를 나타내는 정교한 효용 체계를 가정하지 않아도 그것을 가정한 경우와 분석 결과에 차이가 없다는 것이다. 20세기 중반에 와서야 새뮤얼슨에 의해 마무리된 이러한 논의는 왈라스의 일반 균형 이론으로부터 시작된 오랜 장정의 결말이었다.

먼저 일반 균형general equilibrium의 의미에 관해 설명해보자.

우리에게 친숙한 수요-공급 곡선 분석은 대개 하나의 상품을 예로 든다. 만약 자동차에 대한 수요가 증가하면 자동차 가격은 상승할 것이다. [그림 6-3]의 왼쪽 그림에서 자동차에 대한 수요 곡선이 D_1에서 D_2로 이동하면 가격은 P_1에서 P_2로 상승하고 거래량도 Q_1에서 Q_2로 늘어난다는 것이다. 그런데 자동차 거래량이 늘기 위해서는 공급이 늘어야 하고, 자동차 공급의 증가는 자동차 생산에 필요한 원료나 부품 등에 대한 수요가 증가함을 의미한다. [그림 6-3]의 오른쪽 그림에서 자동차 생산에 필요한 철강의 수요 곡선이 D_1에서 D_2로 이동하는 것이다. 철강 시장만 따로 떼어 보면 이 경우에 철강 가격은 P_1에서 P_2로 상승하고 거래량도 Q_1에서 Q_2로 늘어난다. 이번에는 철강 가격이 올랐기 때문에 자동차의 생산비가 증가할 것이고 다시 왼쪽 그림으로 옮아가서 자동차 공급 곡선에 변화가 생기는 것을 고려해야 한다. 이런 식으로 여러 시장을 동시에 고려하면 통상적인 수요-공급 곡선 분석만으로는 상황이 종결되지 않음을 알 수 있다. 이와 같이 하나의 시장, 예를 들어 자동차 시장만 분석하는 것을 부분

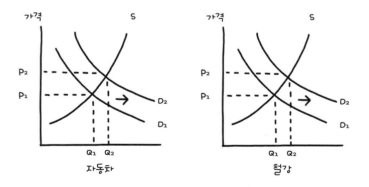

[그림 6-3] 부분 균형과 일반 균형

균형 분석이라 하고, 경제 내에 존재하는 모든 시장을 동시에 고려하는 분석을 일반 균형 분석이라고 한다. 일반 균형 분석 안에는 자본 서비스, 인적 서비스, 토지 서비스 등의 다양한 생산 요소 시장까지도 포함된다.

일반 균형의 존재를 증명하는 문제는 20세기에 와서야 수학적으로 해결되지만, 이를 본격적으로 문제 제기한 것은 왈라스였다. 먼저 경제 내에 존재하는 n개의 시장에서는 n개의 균형 가격이 동시에 결정된다. 수학적으로 말하자면 n개의 식으로 이루어진 연립방정식이 있고 그 해[解]를 구함으로써 일반 균형 가격을 찾아낼 수 있는 것이다. 그런데 이와 같은 연립방정식 모형에서는 가격은 현상이고 가치는 본질이라는 식의 사고가 필요하지 않다. 즉 옳건 그르건 간에 본질환원론적인 사고의 틀에서 벗어나는 것이야말로 일반 균형 이론의 중요한 기여가 되는 셈이다. 희소성이 교환 가치의 본질이라는 예의 인용문은 사실 일반 균형 이론의 맥락에서는 부차적인 얘기이거나 심하게는 불필요한 오해를 낳은 주장인 것이다.

왈라스가 일반 균형의 성립을 설명한 방식은 아마도 수학적 분석의 한계 때문이었겠지만 매우 독특한 것이었다. 왈라스는 경매인[auctioneer]이라는 개념적 장치를 통해 일반 균형 이론을 설명했다. 즉 경매인이라 불리는 이가 가격을 공시하면, 모든 수요자와 공급자들은 그 가격 수준에서 자신이 수요하거나 공급하고자 하는 상품의 수량을 적어 낸다. 경매인은 이를 종합하여, 초과 수요가 있는 재화의 가격은 약간 올리고 초과 공급 상태인 재화의 가격은 약간 내려서 조정한 가격을 새로 공시한다. 균형이 성립할 때까지 실제 거래는 이루어지지 않는다. 이 과정은 모든 시장이 동시에 균형을 이룰 때까지 계속된다.

왈라스는 이를 모색 과정tâtonnement이라 불렀다. 여기에서 핵심은 가격이 신축적으로 조정자 역할을 수행한다는 데 있다. 물론 왈라스도 현실에서는 이러한 시장이 주식이나 곡물 거래 등에만 국한되고, 의사나 변호사의 상담 서비스 같은 경우처럼 경쟁적 가격에 의거하지 않는 시장도 광범하게 존재함을 인정한다. 그러나 "마치 순수역학에서 최초에 기계는 마찰이 없다고 가정하듯이, 경쟁 체제하에서 완전하게 조직된 시장을 가정"*한다. 물론 이러한 가정이 원래 의도는 그렇지 않았다 하더라도 수용되는 과정에서 규범적 의미를 갖게 되는 것은 쉬운 일이고 지금도 실제로 일어나는 일이다. 경

---

* 　Léon Walras, 앞의 책, p.43.

쟁 시장의 자유로운 작동을 통해 결국 경제가 균형을 찾아간다는 생각은 공기업 민영화에서부터 노동 시장 유연화에 이르기까지 현실의 구체적인 정책 의제를 뒷받침하는 논거로 사용되기 때문이다. 이는 마치 애덤 스미스의 "보이지 않는 손"이라는 구절이 보수적인 시장근본주의자들에 의해 맥락 없이 인용되는 것과도 유사하다.

그런데 이러한 경매인 자리에 중앙계획기구를 대입하고 각 소비자와 생산자가 공시된 가격에 맞춰 자신의 이익을 극대화하기 위해 행동하는 모형이 바로 시장사회주의 모형이다. 실제로 오스카르 랑게 등에 의한 1920~1930년대 사회주의 계산 논쟁에서는 이런 모형이 진지하게 논의되었다. 이러한 분석틀에서는 자본주의 시장 경제와 사회주의 시장 경제가 동등한 결과를 가져온다는 것을 수학적으로 증명할 수 있는데, 이를 랑게-러너 정리라 부른다.

노벨 경제학상 수상자인 조지프 스티글리츠가 1994년에 출간한 《Whither Socialism?사회주의는 어디로?》*에서 시장사회주의 논쟁을 다루면서 랑게-러너 정리에 대한 비판적 검토로 시작한 것은 매우 시사적이다. 스티글리츠는 "보이지 않는 손

---

* 한글 번역본의 제목은 《시장으로 가는 길》이다. 강신욱 옮김, 한울, 2009.

이 보이지 않는 것은 거기에 그것이 없기 때문이다"라는 촌철
살인의 글을 남겼다. 요컨대 시장사회주의적 모형이나 규범
적으로 수용되는 왈라스적 자본주의 시장 경제 모형은 국가
권력에 대한 전제만 다를 뿐 사고 구조는 같다는 점을 지적한
것이다. 이러한 예는 이데올로기적 대립 못지않게 사물을 파
악하는 논리 구조의 문제가 중요하다는 것을 보여준다. 설사
정치적으로는 대척적 위치에 놓인 입장이라도 그 논리 전개
와 구조가 같다면 정치적 견해는 부차적인 것에 지나지 않음
을 의미한다. 극좌에서 극우로 '전향'하는 정치인이나 지식인
들이 맨 처음 가졌던 사고 구조 자체는 그대로이면서 상황에
따라 이데올로기만 교체하는 예를 얼마든지 볼 수 있는 것도
이 때문이다.

그렇다면 왈라스가 경매인 모형을 통해 일반 균형을 설
명한 것은 단지 쉽게 설명하기 위한 방편이었을까? 아니면
그의 사회철학 속에 내재된 어떤 이미지 때문이었을까? 그의
사회경제학의 주장을 보면 후자에 상당한 무게가 실린다.

자유주의적 사회주의의 가능성

왈라스는 《순수 정치경제학 요론》에서 리카도의 가치

론과 지대 이론에 대해서도 집중적으로 비판하고 있다. 그런데 흥미로운 사실은, 왈라스도 자본주의의 장기 동학에 관해 리카도와 유사한 비전을 갖고 있었다는 점이다. 그의 결론만 요약하자면 "발전하는 사회에서는 노동의 가격, 즉 임금에는 큰 변화가 없고 토지 서비스의 가격, 즉 지대는 크게 상승하며 순소득률(이자율 혹은 이윤율에 해당함-인용자)은 제법 눈에 띄게 하락한다는 것이다".* 이 결론만 봐서는 왈라스의 주장은 제3장의 [그림 3-4]에서 설명한 리카도의 이윤율 저하 이론과 뚜렷하게 구별되지 않는다. 이로부터 바로 나올 수 있는 결론이 지대를 적절히 통제함으로써 이윤율을 확보하고 자본 축적과 경제 성장을 이끌어낼 수 있다는 것이기 때문이다.

왈라스는 젊은 시절 토지 국유화를 주장한 글로 현상 논문 대회에서 입상한 경력을 가지고 있었으며 평생에 걸쳐 그러한 신념을 유지했다. 지금의 주류 경제학인 신고전학파의 시조 격이지만 정치적으로는 개혁주의적 성향을 지니고 있었던 것이다. 그는 자유주의와 사회주의가 결합한 '종합적 사회주의synthetic socialism'를 주장했으며, 심지어는 자신이 "과학적이고 자유주의적인, 그리고 인도주의적인 사회주의"를 구

---

* 류동민·주상영, 《우울한 경제학의 귀환》, 한길사, 2015, p.131에서 재인용.

성하는 데 마침내 성공하였다고 선언하기까지 했다.* 왈라스가 말하는 자유주의와 사회주의의 종합 혹은 개인주의와 공산주의의 종합은 얼핏 절충적으로 보인다. 그의 지론인 토지 국유화와 그에 따른 임대 수입의 사회 공유, 근로소득세 폐지는 따로 떼어놓고 보면, 오늘날의 기준에서는 급진적일 만큼 진보적인 조치와 보수적인 정책이 병렬한 것으로 보인다. 토지 국유화는 상당한 급진주의자라도 쉽게 주장하지 못하는 정책이며, 마찬가지로 근로소득세를 없애자는 주장 또한 어지간히 보수적인 이들도 선뜻 하기 어렵다. 왈라스가 이렇게 주장할 수 있는 까닭은 그가 자유주의 혹은 개인주의는 사람들마다 노력이나 운 등에 따라 성취 정도가 다름을 인정하는 것으로, 사회주의 혹은 공산주의는 국가가 그러한 개인들의 성취를 위한 사회적 환경을 만드는 권위로 이해하기 때문이다. 즉 "개인의 자유, 국가의 권위, 조건의 평등, 지위의 불평등, 이런 것이 완성된 혁명 표어이고 사회과학을 구성하는 근본 공식"이라는 것이다.**

---

*   Jean-Pierre Potier, "The Socialism of Léon Walras", *L'économie politique*, 51(3), 2011.

**   레옹 발라, 《사회경제학 연구》, 이승무 옮김, 지식을만드는지식, 2020, p.307.

존 스튜어트 밀처럼 왈라스도 자유주의와 사회주의의 결합이라는 불가능해 보이는 과제에 매달렸다는 점은 흥미롭기 짝이 없다. 만약 시장사회주의의 경매인 모형을 논리적으로 연장해본다면, 정부 혹은 국가가 토지를 국유화하고 독점을 제거함으로써 경쟁적 시장 구조를 형성한 다음, 각 경제 주체들이 자유롭게 시장에 참가하여 자신의 이익을 극대화하도록 하면 일반 균형이 달성될 수 있다는 결론으로 이어질 것이다. 추상적이기는 하지만 사회주의와 자유주의의 조합은 이와 같이 가능할지도 모른다. 토마 피케티가 《자본과 이데올로기》에서 '21세기 참여사회주의'를 주장한 것과 비슷한 맥락이다. 자유주의(리버럴리즘)란 말은 매우 다의적이고 특히 한국 사회에서는 여러 가지 방식으로 곡해되었지만, 지배로부터의 자유라는 의미에서 해석한다면 사회주의의 철학적 기초 중 하나가 되지 말라는 법도 없을 것이다.

왈라스가 머릿속에 그렸던 경제 시스템은 마치 중앙에 있는 슈퍼컴퓨터가 재빠른 연산으로 시장 가격을 결정하고 모든 경제 주체가 그 가격을 보면서 자유롭게, 누구의 강요나 제한도 받지 않으면서 자신의 만족을 극대화하는 것과도 같았다. 그러나 여전히 슈퍼컴퓨터이건 중앙의 계획 당국이건 혹은 눈에 보이지 않는 시장의 작동이건 간에, 개인의 자유의

지가 발휘될 수 있는 영역의 경계를 설정하는 '구조'의 힘을 어디까지 인정할 것인지, 마찬가지 얘기지만 어디서부터 배제할 것인지 하는 어려운 문제가 남아 있다. 모든 개인이 투명하게 자신의 욕망을 드러내도록 하고 그것을 수집하는 시스템에 접근하는 누군가는 과연 자신의 권력을 오직 일반 균형의 달성을 위해서만 사용할 것인가? 현실사회주의 국가들의 실패를 지켜보았고, 왈라스로서는 상상조차 하기 힘들었을 놀라운 컴퓨터 네트워크를 이용해 효율적으로 작동하는 금융 시장에서조차 빈번하게 위기가 발생하는 시대를 살아가는 우리로서는 선선히 긍정적인 답변을 내리기가 힘들다.

사상이
세상을
바꿀 것이라는
희망

화려한 삶을 살았던 엘리트

존 메이너드 케인스^{John Maynard Keynes(1883~1946)}는 케임브리
지 대학의 강사*이자 유명한 학자였던 존 네빌 케인스와 당
시 여성으로서는 드물게 케임브리지 대학의 칼리지를 졸업
하고 케임브리지 시장까지 지내게 되는 플로렌스 에이다 케
인스 사이에서 태어났다. 케인스는 전형적인 엘리트 코스를
따라 명문 이튼 칼리지와 케임브리지 대학의 킹스 칼리지에
서 공부했다. 원래는 수학 전공이었으나 앨프리드 마셜의 권

---

* 편의상 강사라 번역되지만 한국 기준으로는 정식 교수에 해당한다. 케임브리지
 대학의 경제학 및 정치학 위원회 위원장까지 지냈으므로 꽤 영향력을 지닌 인
 물이었을 것이다.

유 등으로 경제학을 공부했다. 대학 재학 시절 버트런드 러셀 등이 활동했던 케임브리지 사도회The Cambridge Apostles의 멤버가 될 정도로 탁월함을 보여준 그는 소설가 버지니아 울프 등의 문화 예술인, 지식인들과 함께 블룸즈버리 그룹을 형성하여 평생 교분을 유지하기도 했다.

1906년 대학 졸업 후에는 인도청Indian Office 관리로 근무하다가 마셜의 제의를 받아들여 1909년에 모교인 킹스 칼리지의 펠로로 부임한다. 케인스는 평생을 킹스 칼리지와 함께했으나, 수시로 재무부 공무원 자격으로 일하면서 경제 정책의 입안 과정에 영향을 미쳤다. 젊은 시절에는 동성연애자로 유명했지만 마흔이 넘어 당시로서는 매우 늦은 나이에 러시아 출신의 발레리나 리디아 로포코바와 결혼해 화제를 뿌렸고, 문화 예술 전반에 걸쳐 높은 식견을 갖고 발레단을 후원하거나 미술품을 경매로 소장하는 등 여유로운 삶을 누렸다. 문화적으로나 경제적으로 풍요로운 집안에서 자랐지만 그 자신도 주식 투자로 재산을 불려 백만장자가 되기도 했다. 다만 영국은 물론 국제 경제에 커다란 영향을 미친 각종 정책 입안 과정의 사실상 내부자였던 그가 금융 투자로 돈을 벌었던 것이 오직 그의 타고난 실력 덕분인지는 분명하지 않으며 지금 기준으로 보면 윤리적으로 의심스러운 일일 수도 있다.*

　수학 전공자였음에도 케인스는 대표적 저작인 《일반 이론》에서 인용의 경우를 제외하면 수식을 거의 등장시키지 않았는데, 수식을 제시하는 경우에도 수학적 방법이 경제학에 도입될 때 발생하는 여러 가지 단순화와 한계를 경계했다. 즉 그는 경제를 설명할 때 현실에 부합하는 가장 기본적인 개념들을 직관에 기초하여 설정하고 그로부터 자신의 이론 체계를 구성하는 방법을 선호했다. 그의 저작이 난해하고 해석의 여지가 많은 것도 부분적으로는 그 때문일 것이다.

　엘리트적인 삶을 살았던 케인스는 두 차례의 세계대전이 끝난 뒤 국제 경제 질서에 커다란 변화를 가져왔던 역사적 현장에 참가하면서 유명해졌지만, 삶의 다른 영역에서는 좀처럼 경험하지 못했을 커다란 개인적 좌절도 겪었다.

　먼저 제1차 세계대전이 끝나면서 파리에서 열린 평화 회의에 영국 측 실무진으로 참가한 그는 패전국 독일에 대한 막대한 배상금 부과에 반대했으나 뜻을 이루지 못했다. 케인스는 귀국 직후 집필한 《평화의 경제적 귀결*Economic Consequences of Peace*》에서 영국을 비롯한 당시 유럽의 정치 지도자들을 실명

---

*　재커리 D. 카터, 《존 메이너드 케인스》, 김성아 옮김, 로크미디어, 2021, p.187.

으로 신랄하게 비판하여 일약 유명세를 얻는다. 그의 주장의 핵심은 독일에 대한 복수심으로 지나친 금융적 압력을 가할 경우, 유럽 전체 경제의 피폐를 가져올 수 있다는 것이었다. 결과적으로는 과중한 배상금 때문에 독일에서 하이퍼인플레이션(독일 마르크화 가치의 급속한 하락)이 일어나고 마침내는 히틀러의 집권, 제2차 세계대전의 발발로 이어진다는 점에서 케인스의 우려는 들어맞았던 셈이다.

두 번째 좌절은 제2차 세계대전 이후의 유명한 브레턴우즈 체제 성립과 관련된 회의에서였다. 심장 발작으로 건강이 안 좋은 상태에서 영국 대표단의 일원으로 참석한 케인스는 가칭 방코르Bancor라는 국제 통화를 만들고 이를 바탕으로 국제청산동맹을 설립할 것을 주장했다. 그러나 케인스 안은 미국의 화이트 안에 밀려 채택되지 못했고, 결국 국제 수지 불균형은 각국이 책임질 것을 요구하면서 미국의 달러화를 금 가치와 연동시키고 미국을 제외한 다른 나라들은 달러화와 고정 환율을 유지하도록 결정되었다. 이미 붕괴한 금 본위제를 재건했을 때 생길 국제적 혼란을 막기는 하였으나 달러화가 기축 통화가 되면서 전후의 새로운 국제 경제 질서가 구축된 것이다. 케인스의 주장은 이미 쇠락한 영국 자본주의의 자존심을 지키려는 애국주의적 발로였을 수도, 혹은 좀 더 민

9명의 경제학자들

주적인 전후 경제 질서를 구축하려는 공익적 의도였을 수도 있다. 어쨌거나 브레턴우즈에서 돌아온 뒤 건강이 더 악화된 케인스는 1946년에 사망한다.

케인스는 바쁜 활동 중에도 킹스 칼리지에서 제자 및 동료들과 함께 '케인스 서커스Keynes's Circus'라는 그룹을 이끌었다. 브레턴우즈 체제 성립 이후 자본주의 국가들 내부에서 미국의 헤게모니가 굳어진 것처럼 경제학의 중심도 미국으로 옮겨갈 운명이었으나, 적어도 상당 기간 그에 맞설 케임브리지 경제학자 집단이 케인스에 의해 육성된 셈이었다. 아울러 그는 이미 《일반 이론》이 출간되었을 때부터 대서양 건너편에 있는 하버드 대학의 새뮤얼슨 등의 젊은 학자들에게 이론적 영향을 미쳤으며, 프랭클린 루스벨트 대통령의 뉴딜 정책* 등과도 연관되면서 제2차 세계대전 이후 한동안 미국의 경제학계 및 경제 정책에도 많은 영향을 미쳤다.

---

* 케인스와 뉴딜 정책이 직접적으로 관계가 있었다고 보기는 어렵지만, 적어도 동일한 지적 흐름 속에 놓여 있었던 것은 분명하다. 케인스는 1933년 《뉴욕 타임스》에 루스벨트 대통령에게 보내는 공개서한을 기고했고, 1934년에는 미국을 방문하여 루스벨트를 만나기도 했다. 그러나 케인스 평전으로 유명한 스키델스키가 지적한 바와 같이 "1930년대 말이라는 특정 시점을 제외한다면, 케인스가 뉴딜에 영향을 미쳤다고 보는 사람은 오늘날에는 거의 없다". (로버트 스키델스키, 《존 메이너드 케인스》, 고세훈 옮김, 후마니타스, 2009, p.841)

《일반 이론》은 왜 일반적인가

1929년 시작된 세계 대공황의 와중인 1936년에 출간된 케인스의 《고용, 이자, 화폐의 일반 이론*The General Theory of Employment, Interest and Money*》은 출간 이전부터 주목을 받았다. '일반 이론'이라는 자의식 강한 제목이 붙은 이유를 케인스는 책의 서두에서 명쾌하게 두 가지로 요약한다.

첫째, 완전 고용 상태, 즉 현행 임금 수준에서 원하는 사람은 누구나 취업할 수 있는 상태라는 특수한 경우에만 적용되는 제한적인 경제학이 아니라는 것이다. 이때 케인스가 염두에 둔 특수한 경제 이론은 바로 자신이 정의한 고전학파 경제학인데, 그는 경제학설사에서 일반적으로 지칭하는 고전학파 경제학뿐만 아니라 스승이기도 했던 마셜 등의 신고전학파 경제학자들까지 의도적으로 고전학파에 포함시켰다. 요컨대 자기 이전과 이후로 경제학을 구분한 셈이다. 고전학파 경제학자들은 시장은 스스로 조절되기 때문에 그대로 내버려두고 방해만 하지 않는다면 완전 고용이 달성되는 경향이 있다고 생각했다. 따라서 그들은 고용 규모 그 자체의 결정에 관해서는 크게 고민하지 않았다. 그러나 케인스는 완전 고용이든 불완전 고용이든, 고용량의 규모를 결정하는 요

9명의 경제학자들

인이 무엇인가를 설명해야 한다고 주장했다. 케인스가 결정 요인으로 제시한 것은 다름 아닌 경제 전체의 유효수요의 크기였다. 간단히 말해, 유효수요가 부족하면 실업이 발생하고 반대로 지나치게 많으면 인플레이션이 발생한다는 것이다.

둘째, 케인스는 개별 산업이나 개별 기업에만 적용되는 것이 아닌, 경제 조직 전체의 고용량과 유효수요량 및 산출량 사이의 관계를 설명하는 이론을 탐구하고자 했다. 흔히 생각하는 것과 달리 개별적으로는 맞는 명제가 사회 전체적으로는 맞지 않는 경우가 있다. 이러한 경우를 '구성의 오류'라고 하는데 케인스가 지적한 '절약의 역설'이 대표적인 예이다. 즉 개인은 가능하면 소득 중에서 많은 부분을 소비하지 않고 저축함으로써 부자가 될 수 있지만, 경제 전체적으로 보았을 때 모든 사람이 소비를 하지 않고 저축만 한다면 유효수요의 감소를 통해 오히려 국민소득과 고용이 감소한다는 것이다. 특히 케인스는 소비 성향, 자본의 한계효율, 유동성 선호*라는 인간의 기본 심리 법칙으로부터 도출되는 세 가지 개념을

---

* 소비 성향과 자본의 한계효율에 관해서는 본문의 아래에서 설명한다. 한편 유동성 선호는 화폐에 대한 수요를 의미하는 케인스 특유의 개념이다. 유동성은 쉽게 말해 자산을 다른 형태로 바꿀 수 있는 능력을 가리키는데, 극심한 인플레이션 등의 예외를 제외하면 현금이 가장 유동성이 높다.

자신의 일반 이론을 전개하기 위한 독립변수로 삼았다.

비자발적 실업의 가능성

실업은 일할 능력과 의사가 있지만 일자리가 주어지지 않는 상태를 가리킨다. 따라서 모든 실업은 정의상 비자발적이다. 만약 자발적인 것이라면 일할 의사가 없다는 뜻이므로, 실제 실업률 조사에서도 비경제 활동 인구로 분류되기 때문이다. 그런데 케인스는 굳이 '비자발적involuntary'이라는 형용사를 붙였다. 《일반 이론》이 출간된 때는 1929년 뉴욕 증시 폭락으로 시작된 세계 대공황이 선진 각국에서 20퍼센트를 넘나드는 대량 실업을 가져온 시대였다.

그러나 당시의 경제학은 이렇게 대량의 실업이 오랫동안 지속되는 이유를 제대로 설명하지 못했다. 그 이유는 [그림 7-1]과 같은 노동 시장의 수요와 공급 곡선으로 단순화하여 표현할 수 있다.

그림에서 가로축은 고용량 규모, 세로축은 임금 수준을 나타낸다. 노동에 대한 수요는 기업이 결정하고 노동 공급은 일자리를 구하는 취업 희망자들이 결정한다. 수요 곡선은 우하향하고 공급 곡선은 우상향한다는 경제학 교과서의 기본

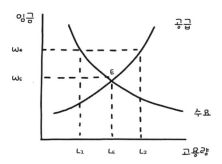

[그림 7-1] 노동 시장의 수요와 공급

지식이 적용된다면, 두 곡선은 E점에서 만날 것이고, 이때 임금 수준은 W_E, 고용량은 L_E가 된다. 바로 이와 같이 담백하게 표현되는 균형 상태에서 실업은 존재할 수 없다. W_E만큼의 임금이 제시될 때 취업하고자 하는 노동자들은 모두 고용될 것이기 때문이다. 실업이 존재하는 단 하나의 경우는 임금이 W_*로 W_E보다 높을 때이다. 임금이 W_*로 제시되면 노동자들은 더 많은 임금을 받을 수 있다는 기대로 노동 공급을 L_2까지 늘리지만, 기업은 인건비 부담 때문에 오히려 노동에 대한 수요를 L_1으로 줄인다. 따라서 L_1L_2의 길이에 해당하는 노동의 초과 공급, 즉 실업이 생겨나는 것이다. 이 그림에서 실업을 해결하는 방법이 다시 한번 담백하게 설명되는데, 노동자

들이 요구하는 임금 수준을 시장 논리에 맞게 낮추면 되는 것이다. 시장 기능이 원활하게 작동한다면, 실업은 오래 지속될 수 없다. 그러므로 이러한 분석틀에서는 실업은 '자발적'이다.

이 얘기는 얼핏 터무니없이 들릴 수도 있겠지만, 비단 케인스 당대뿐만 아니라 지금도 많은 경제학자들이 실업에 관해 생각하는 방식이다. 조지프 스티글리츠는 한 인터뷰에서 다음과 같이 얘기한다.

> 비자발적인 실업 기간이 지속되는 현상은 누구나 현실에서 관찰할 수 있다. 그렇더라도 "비자발적 실업은 불가능하다"라고 말하는 주류 경제학자들에게는, 현실에서 관찰되는 이러한 현상이 자신의 이론을 의심하도록 강제할 만한 충분한 이유가 되지 못한다. (…) 그들은 자신의 이론이 현실에 맞지 않는 것으로 드러날 경우에도, "그건 예외적인 상황이다"라고 하거나 "자발적으로 취업하지 않고 있으면서도 사람들은 자기가 (비자발적) 실업 상태라고 생각한다"라는 식으로 답변한다. 심지어 내가 아는 어떤 경제학자는 "실업이란 존재하지 않는다"라고 단언한다. 실업이란 인생에서 취미 생활을 즐길 순간을 누리는 것이라고 말할 정도다. 에드워드 프레스콧과 함께 어느 학

회에 참석했는데, 그가 이런 식으로 발언한 바 있다.*

　　인용문에 등장하는 에드워드 프레스콧도 노벨 경제학상
을 수상한 경제학자이니, 스티글리츠의 전언이 맞는 것이라
면, 일반인의 인식과 경제학자의 인식이 얼마나 다른지를 보
여주는 충격적인 에피소드라 할 수 있다.

　　그렇다면 케인스가 비자발적 실업의 존재를 설명하는
방식은 무엇이었을까? 케인스는 "화폐 임금의 하방 경직성"
을 제시한다. 즉 노동자들은 실질 임금보다 화폐 임금**을 기
준으로 의사 결정을 하기 때문에, 실질 임금 하락에는 저항하
지 않지만 화폐 임금 하락에는 저항한다는 것이다.

　　예를 들어 쌀 10킬로그램이 2만 원일 때 화폐 임금이
200만 원이라면, 이 금액은 실질 임금으로는 쌀 1,000킬로
그램이라 할 수 있다. 만약 화폐 임금이 10퍼센트 인상되어
220만 원이라 해도 쌀값 또한 10퍼센트 올랐다면, 이 임금으
로 살 수 있는 쌀의 양에는 변화가 없기 때문에 실질 임금은

---

* 　《이코노미 인사이트》 2010년 5월호.

** 　화폐 임금이란 노동자가 받는 임금을 화폐 금액으로 나타낸 것으로, 명목 임금
　　 이라고도 한다.

　　　　　　　　　　　　　　　　　　　　　9명의 경제학자들

일정하다. 케인스의 주장은 노동자들이 예컨대 쌀값이 15퍼센트 올라 실질 임금이 하락하는 것에는 저항하지 않지만 화폐 임금을 190만 원으로 인하하겠다는 결정에는 반발한다는 것이다. 이를 그림으로 나타내자면 [그림 7-2]에서처럼 노동 공급 곡선이 W_E 수준에서 수평선 모양으로 꺾어진다는 것을 의미한다. 만약 화폐 임금이 이 아래로 떨어지면 노동자들은 취업을 포기하려 할 것이기 때문이다. 노동 공급 곡선이 이와 같이 하방 경직적인 경우, 수요 곡선과 공급 곡선이 서로 만나는 E점에서도 L_EL_S만큼의 실업이 존재할 수밖에 없다. 해당 임금 수준 W_E에서 노동 공급량이 수요량보다 많기 때문이다.

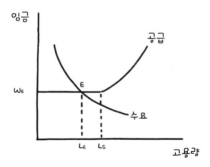

[그림 7-2] 화폐 임금의 하방 경직성

얼핏 생각하면, 케인스는 노동자들이 일종의 비합리성을 띠고 있다고 주장하는 것처럼 보인다. 합리적인 노동자라면 임금의 명목상 금액보다는 실제 구매력을 기준으로 판단할 것이기(혹은 해야 하기) 때문이다.

그러나 케인스는 비자발적 실업의 가능성을 처음부터 인정하지 않는 고전학파의 공준보다는 노동자들의 행동이 더 분별 있다고 주장한다. 공준postulate은 공리axiom와 비슷한 개념으로 처음부터 참이라고 전제되는 명제를 의미하는데, 여기에서 말하는 고전학파의 공준은 실질 임금과 노동의 한계비효용이 같다는 것이다. 노동자가 일을 하게 되면 만족을 느끼는 것이 아니라 고통, 즉 비효용disutility을 얻는데, 한계비효용은 일을 한 단위 더 함으로써 감수하는 비효용의 크기를 가리킨다. 노동자는 실질 임금과 노동의 한계비효용이 같은 수준에서 행동한다는 것이 고전학파의 전제라고 케인스는 지적하고 있는 것이다.

그렇지만 케인스가 보기에 "노동자들은 실질 임금이 기존의 고용량에 대응하는 노동의 한계비효용보다 낮은 수준으로 떨어지려고 할 정도가 되지 않는 한 하락하더라도 저항하지 않는 반면에, 화폐 임금은 실질 임금 환산치가 기존의 고용량에 대응하는 노동의 한계비효용을 웃돌 경우에도 하락하면 저항"*한다.

유효수요의 경제학

[그림 7-2]에서 비자발적 실업을 제거하는 방법은 수요
곡선을 오른쪽으로 옮겨 공급 곡선이 수평선이 아니라 우상
향하는 부분과 만나도록 하는 것이다. 그렇게 되면 화폐 임
금의 하방 경직성에도 불구하고 [그림 7-1]처럼 고전학파가
정상적이라고 생각하는 노동 시장의 상태가 되기 때문이다.
그런데 노동 수요는 기업이 결정하는 것이고, 궁극적으로는
경제 전체의 유효수요가 얼마나 있는가에 달려 있다. 여기에
서 케인스 유효수요 이론의 핵심이 연결된다.

유효수요는 기본적으로 민간 부문의 소비와 투자의 합
계이다. 그런데 케인스는 소비 성향, 즉 소득 중에서 얼마만
큼을 소비하는가라는 심리적 요인은 사회 관습이나 분배 구
조 등에 의해 오랜 기간에 걸쳐 천천히 변화하기 때문에 주
어진 시점에서는 일정한 것으로 간주할 수 있다고 본다. 특

---

* 존 메이너드 케인스, 《고용, 이자, 화폐의 일반 이론》, 이주명 옮김, 필맥, 2010,
p.30. 뒤에 나오는 쪽수는 이 번역본의 페이지를 따른다.

히 '소비의 증가분/소득의 증가분'으로 정의되는 한계소비 성향은 0보다 크고 1보다 작다. 이는 케인스 이론의 골격을 이루는 기본적인 심리 법칙 중 하나이다. 한계소비 성향이 1보다 작다는 사실로부터 소득 분배가 평등할수록 경제 전체의 소비 수요는 증가한다는 논리적 결론이 도출된다. 예를 들어 한 명이 100원을 벌고 다른 한 명은 50원을 버는 경우보다 둘이 75원씩 벌 때 전체 소비는 더 커진다.* 그러므로 고소득자에게서 세금을 걷어 저소득자를 보조해주는 정책은 공평함을 위해서는 물론 유효수요의 크기를 키움으로써 경제 성장에도 기여할 수 있다. 참고로 임금 주도 성장이나 소득 주도 성장 이론에서 최저 임금 인상 등의 조치가 경제 성장에 도움이 될 수 있다고 주장하는 논거 중 하나가 여기에 있다.

만약 소비가 안정적이라면 유효수요의 크기, 즉 고용 규모는 투자에 의해서만 좌우된다. 케인스는 제자이자 동료인 리처드 칸의 승수 개념을 이용하여 이를 설명했다. 만약 투자가 일정한 크기만큼 증가한다면 국민소득

---

* 소득이 50원, 75원, 100원일 때의 한계소비 성향을 각각 0.9, 0.8, 0.7이라 하자. 한 명이 100원, 다른 한 명이 50원을 버는 경우, 소비는 100×0.7+50×0.9=115원이 된다. 그런데 둘이 똑같이 75원씩을 벌면 그중의 80퍼센트를 소비할 것이므로, 사회 전체의 소비는 150×0.8=120원이 된다.

9명의 경제학자들

은 그 몇 배에 해당하는 크기만큼 증가한다는 것이다. 투자의 증가가 최초의 누군가에게 1,000원의 소득 증가를 가져왔다고 하자. 한계소비 성향이 0.8이라면 그중에서 800원이 소비될 것이다. 이 800원은 다른 누군가에게 지불되어 그 사람의 소득이 된다. 그 사람은 다시 800원의 0.8에 해당하는 640원을 지출할 것이다. 이렇게 최초의 지출 1,000원은 돌고 돌면서 $1,000+1,000 \times 0.8 + 1,000 \times 0.8 \times 0.8 + \cdots = 1,000(1+0.8+0.8^2+\cdots) = 1,000/(1-0.8) = 1,000 \times 5 = 5,000$원의 소득 증가를 가져온다. 바로 이 5가 승수인데, 그것은 '1-한계소비 성향'의 역수이다. 한계소비 성향이 1보다 작다는 것은 승수가 1보다 크다는 것을 의미하므로 투자 증가는 항상 그 증가분보다 큰 소득 증가를 가져온다. 승수 효과가 안정적으로 작동한다면, 거꾸로 계산해서 일정한 크기만큼 국민소득을 늘리기 위해서는 얼마만큼의 투자 증가가 필요한지를 계산할 수 있다.

문제는 투자인데, 투자는 자본의 한계효율과 이자율에 의해 결정된다. 케인스는 자본의 한계효율을 "어떤 자본 자산의 수명이 다할 때까지 그로부터 얻을 것으로 예상되는 연수익의 시계열이 갖는 현재 가치를 그 공급 가격과 정확하게 일치시켜주는 할인율"(p.167)이라고 정의한다.

	예상 수익	예상 비용
제1차 연도	50	100
제2차 연도	100	40

[표 7-1] 투자 프로젝트의 예

간단한 숫자 예로 설명해보자. [표 7-1]로 요약되는 투자 프로젝트가 있다. 첫해에는 50억 원의 수익, 100억 원의 비용이 예상되며, 그다음 해에는 100억 원의 수익과 40억 원의 비용이 예상된다.

첫해에는 수익보다 비용이 커서 50억 원의 손실을 입지만, 그다음 해에는 60억 원의 수익을 얻는다. 대체로 수익이 비용보다 커 보이기는 한다. 그런데 첫해와 다음 해에 발생하는 손익을 곧바로 비교할 수는 없다. 한 해 뒤에 발생하는 수익이나 비용을 현재 가치로 계산하려면 일정한 비율로 할인해주어야 한다. 연 이자율이 5퍼센트인 정기예금에 1억 원을 예치하면 1년 뒤에 1억 500만 원이 되니, 거꾸로 생각하면 한 해 뒤의 1억 500만 원을 1+이자율, 즉 1.05로 나눈 1억 원이 지금의 가치가 되는 것과 같은 논리다. 따라서 케인스가 말하는 자본의 한계효율을 ρ라 하면, [표 7-1]의 투자 프로젝트의 현재 가치는 $(50-100) + (100-40)/(1+\rho)$가 된다. 이

9명의 경제학자들

를 0으로 만들어주는 ρ의 값은 0.2이다. 이것은 기업가가 연 20퍼센트의 이자율로 자금을 조달할 경우, 이 투자 프로젝트의 현재 가치는 0이라는 뜻이다. 만약 그보다 낮은 이자율, 예를 들어 연 10퍼센트로 자금 조달이 가능하다면 현재 가치는 플러스가 될 것이다.

자본의 한계효율은 수학적으로 엄밀하게 결정되는 것처럼 보일지도 모르지만, 실상은 그렇지 않다. 투자는 수학적으로 계산될 수 있는 엄밀한 원리보다는 기업가의 동물적 판단(이른바 "animal spirit")에 의존하는 바가 크다. 자본의 한계효율이 인간의 기본 심리 법칙으로 간주되는 까닭이기도 하다. [표 7-1]에 등장하는 수익과 비용은 결국 기업가의 예상에 기초하는 것이라는 데 주목할 필요가 있다. 케인스는 미래에 대한 장기적 예상이 매우 불안정할 수 있다는 점을 강조했다. 사람들은 주로 관습에 기초하여 미래를 판단하지만, 그 관습 자체가 안정적으로 지속된다는 보장은 없다. 즉 투자는 불안정하다는 특징을 갖고 있다. 특히 경기가 침체한 상황에서는 이자율이 아무리 낮아도 기업은 선뜻 투자하려 하지 않는다. 결국 소비와 투자 어느 쪽에도 기대하기 힘든 상황에서는 현실적으로 정부가 나서야 한다. 승수 효과는 일정한 가정하에서는 고용에도 작용한다. 그러므로 민간 부문의 투자 수요가 부족하여 완전 고용에 필요한 만큼 유효수요가 확보되지 못할 때, 정부가 주도하여 공공 투자를 늘리면 국민소득과 고용은 최초의 공공 투자 증가분의 승수 배만큼 증가하는 것이다.

승수 효과와 결합된 유효수요 이론은 케인스 당시의 경제 관료들이 가진 전형적인 생각, 이른바 '재무부 견해'를 반박하는 논리로 활용되었다. 재무부 견해에 따르면, 정부가 공공 지출을 늘리더라도 정확히 그 크기에 해당하는 만큼 민간 투자가 감소하기 때문에 국민소득이나 고용량은 증가하지 않을 것이었다. 그러나 승수 효과가 순조롭게 작동하면, 민간 투자의 감소분보다 공공 지출 증가로 인한 국민소득 증가분이 몇 배나 더 크다. 따라서 정부가 적극적으로 유효수요 창출 정책을 펼칠 논리적 근거가 마련되는 것이다.

엘리트주의가 진보적인 혹은 보수적인 까닭

케인스는 매우 다면적인 인물이었다. 케임브리지 대학의 킹스 칼리지에서 함께 연구하고 어울린 동료들 중에는 피에로 스라파, 조앤 로빈슨, 미하우 칼레츠키 등과 같은 좌파적 성향을 띤 인물들이 많았다. 이탈리아 공산주의자 안토니

오 그람시와의 우정으로 유명한 스라파는 신고전학파 경제학에 대한 근본적 비판의 토대가 되는《상품에 의한 상품 생산》이라는 짧고도 군더더기 없는 이론서를 1960년에 출간한다. 조앤 로빈슨은 마르크스주의자는 아니었고 이론경제학에 대한 공헌으로 노벨 경제학상 후보에 거론될 정도의 여성 경제학자였지만, 중국의 문화혁명을 지지했고 1960년대 중반에는 북한을 방문한 뒤 〈한국의 기적〉이라는 글을 쓰기도 했다. 물론 이때의 한국은 북한을 가리킨다. 로빈슨이 주도했던 자본 논쟁은 신고전학파의 자본 개념이 가진 논리적 허구성을 신랄하게 드러냈다. 칼레츠키는 폴란드 출신의 경제학자로 케인스와 유사한 주장을 마르크스 경제학적 논리와 결합시켜 제시했다. 포스트케인지언이라 불리는 좌파 케인스주의자들은 칼레츠키 등의 이론적 전통에 근거하면서 임금주도성장론 등을 제시하고 지금도 소수이지만 활발하게 주류 경제학을 이론적·실증적으로 비판하고 있다. 여기까지 보면 케인스는 매우 좌파적인 성향을 지녔을 것으로 짐작된다. 그러나 1925년에 발표한 〈나는 자유주의자일까〉에서 케인스의 다음과 같은 유명한 서술은 그가 지닌 정치적 입장을 명확하게 보여준다.

그렇다면 내가 노동당에 가입해야 할까? 피상적으로만 보면 노동당이 더 매력적이다. 하지만 면밀히 들여다보면, 거기에는 심각한 어려움이 있다. 우선 그곳은 계급 정당이고, 그 계급은 나의 계급과 다르다. 어쨌든 내가 분파적인 이해관계를 추구하게 된다면, 나는 나 자신의 이익을 추구할 것이다. 계급 투쟁의 문제에 이르면, 나의 개인적이고 편협한 애국심은 심술궂은 열성 당원을 제외한 다른 모든 사람들과 마찬가지로 나 자신의 주변에 끌릴 것이다. 나는 정의와 양식으로 보이는 것들에서 영향을 받을 수 있다. 그러나 계급 투쟁이 일어나면, 나 자신은 교양 있는 부르주아의 편에 서게 될 것이다.*

이 인용문은 존재와 의식의 관계에 대한 마르크스의 명제를 떠올리게 한다. 케인스는 자신의 계급적 존재인 "교양 있는 부르주아"에 걸맞은 계급의식을 가졌다고 선언하고 있기 때문이다. 케인스가 살아온 삶의 궤적과 방식을 보아도 쉽게 알 수 있듯이, 그는 철저한 엘리트주의자였다. 그럼에도 그의 몇 가지 주장들, 그리고 그것이 소비되는 방식에서 그는 이른바 좌파적 혐의를 면하기 어렵다. 대표적인 것이

---

* 존 메이너드 케인스, 《설득의 경제학》, 정명진 옮김, 부글북스, 2009, p.166.

9명의 경제학자들

《일반 이론》에서 주장하는 '투자의 사회화'라는 명제이다. 케인스는 "국가사회주의 체제를 옹호할 만한 근거는 없"지만 "다소 포괄적인 '투자의 사회화'가 완전 고용에 가까운 상태를 확보하는 유일한 수단임이 입증될 것"이며, "이러한 투자의 사회화를 위해 공적 당국이 민간 부문에서 사적으로 주도하는 요소와 협력하는 데 활용할 수 있는 모든 형태의 타협과 제도적 장치를 배제할 필요는 없다"라고 주장했다. 즉 국가가 직접 생산 수단을 소유하는 것은 아니지만 "소비 성향과 투자 유인을 조정하기 위해 중앙 통제가 필요하다"는 것이다.(pp.459~460) 요컨대 민간 부문의 이기적 동기에만 맡겨놓아서는 부족한 소비와 투자를 중앙에서 규율할 필요를 제기하고 있는 것이다. 그가 정부 산하의 상설 조직으로 공공투자관리위원회의 설치를 주장한 것은 읽기에 따라서는 정부가 적극적으로 기업의 이윤 추구 활동에 개입해야 한다는 의미로 읽힌다. 《일반 이론》 안에서만 해도 부와 소득의 불평등한 분배 현실에 대한 비판, 상속세에 대한 개혁적 입장, 금융 불안정에 대한 사회적 통제의 필요성 등을 주장한 것을 보면, 특히 오늘날의 주류 경제학자들의 입장과 비교할 때 케인스의 개혁적 성향은 더욱 분명해진다. 그러나 시장 친화적 정책을 주장해야 마땅할 공화당 출신 대통령인 리처드 닉슨이

"우리는 모두 케인스주의자"라고 했다는 에피소드나 때로는 사회민주주의적 복지 국가, 때로는 군비 확장을 통한 경기 부양 등이 케인스주의로 이해되었던 현실, 케인스 당대에도 아마 국가 관리 경제의 필요성을 강조한 탓이겠지만 파시즘 치하의 독일이나 일본에서 호의적으로 받아들여졌던 에피소드에 이르면, 대체 케인스주의의 본질은 무엇일까라는 의문이 들 만도 하다.

　이 모든 것은 케인스 자신이 투자의 사회화 등을 비롯한 몇 가지 문제들에 대해 모호한 서술만 남겨놓았던 탓도 있다. 그러나 원래 사상이란 그런 것인지도 모른다. 제아무리 위대한 사상도 그것을 소비하는 이들의 정치적 의도에 따라 나름의 방식으로 읽힌다. 그것이 언어의 한계이건 사상의 한계이건 간에, 케인스가 재현하려 했지만 미처 하지 못한 것들이 다른 이들에 의해 제 나름의 방식으로 독해되고 재현되는 것이다. 재무부 관료들의 무사안일을 비판하는 《일반 이론》의 유명한 구절은 다음과 같다.

　　만약 재무부 관리들이 낡은 병들에 은행권을 가득 채워서 폐탄광에 적당한 깊이로 묻은 뒤 그 위 지표면까지 도시의 쓰레기로 덮은 다음에, 충분한 시험을 거친 자유방임주의라는 원칙에 따라 사적 기업으로 하여금 그 은행권을 다시 파내는 일을 하게 한다면(물론 그렇게 파내는 일을 할 권리는 기업에서 입찰을 통해 은행권이 묻힌 영역의 땅에 대한 임차권을 획득하게 하면 된다), 더 이상 실업이 발생할 이유가 없고 그 파급 효과로 공동체의 실질 소득은 물론 공동체의 부 역시 아마도 기존에 있던 것보다 훨씬 더 커질 것이다. 사실 주택 등을 짓는 것이 더 합리적이겠지만, 그렇게 하는 데 정치적으로나 현실적으로 어려움이 있다면, 어쨌든 이렇게 하는 것이 아무것도 하지 않는 것보다는 낫다. (p.162)

이 구절은 케인스가 말하는 공공 투자의 본질과 내용이 무엇인가라는 물음을 제기하도록 해준다. 낡은 병 속의 지폐를 파묻고 캐내는 일은 냉소적인 비유에 지나지 않겠지만, 정치적 어려움을 뚫고 더욱 합리적인 주택 건설과 다른 어떤 대안 사이에서 선택할 방법과 수단에 대해서는 아무것도 말하지 않는다. 대의제 민주주의가 발전한 나라일수록, 경기 침체 시에 그 어떤 시장주의적 철학을 가진 집권 세력이라 할지라도 정부가 무엇인가를 해달라는 요구를 거절하기는 어려워진다. 코로나 감염병으로 마스크가 부족해지자 국가가 기계를 사서 밤을 새워서라도 마스크를 직접 생산하자고 주장했던 보수주의 정치인의 예화가 이를 잘 보여준다. 진정한 보수주의자라면 마땅히 시장의 자율성을 강조하면서 다양한 형태의 정부 개입에 반대했을 것이기 때문이다. 정부가 주도하는 공공 투자가 빈곤 계층을 위한 복지 정책의 차원에서 이루어지는가, 기득권층의 사익에 영합하는 불요불급한 토목 공사인가, 심지어는 정치적·이데올로기적 대립을 빌미로 하는 군수 산업의 이윤 추구인가를 명확히 규정하지 않는다면, 경기 부양을 위한 그 어떤 정부 정책도 모두 케인스주의적이라는 딱지를 붙일 수 있는 것이다.

의지적 낙관주의

케인스는 《일반 이론》 제6편 마지막 장인 제24장 '일반 이론이 지향하는 사회철학에 대해'에서 자본주의 경제의 장기적 비전과 바람직하다고 생각하는 사회 정책에 관해 서술하고 있다.

> 우리가 살고 있는 경제 사회의 두드러진 결함은, 완전 고용을 실현하는 데 실패하고 있다는 점과 부와 소득을 제멋대로 불평등하게 분배한다는 점이다. (p.453)

케인스의 현실적인 입장은 금융적 자본주의에 대한 공격과 산업 자본주의에 대한 옹호 등으로 특징지어진다. 그는 이미 제16장 '자본의 본성에 관한 여러 가지 관찰'에서 "…노동에 의해… 모든 것이 생산된다고 한 고전파 이전의 이론에 공감한다"(p.262)라고 하면서 노동만이 가치 창출의 진정한 원천이라고 주장했다. 케인스가 말하는 '고전파 이전pre-classical'은 리카도 등의 고전학파 경제학을 가리키므로 이러한 서술은 노동가치론을 지지하는 것처럼 들린다. 물론 그가 말하는 노동에는 기업가의 경영 활동도 포함된다는 점에 주의할 필요가 있다.

즉 케인스는 자본에 대한 보수가 순전히 희소성에 기인하는 일종의 렌트(지대)로서 궁극적으로는 0으로 떨어질 것이라고 전망하면서(이른바 "이자생활자의 안락사"), 소득 창출의 정당성을 노동에서 찾고 있다. 케인스에게 이자는 순수한 희생에 대한 보상이 아니라는 의미에서 불로소득이기 때문에 다른 사회 제도에서는 더 이상 지불될 필요가 없는 소득인 셈이다. 그는 "자본이 희소하기를 중단함으로써 기능을 상실한 투자자가 더 이상 특별 배당을 받지 못하게 될 때까지 자본의 양을 증가시키는 것과 더불어, 금융가들과 기업가들, 그리고 이런 종류의 사람들 모두(그들은 자신의 직업을 아주 좋아하므로, 우리는 그들의 노동을 지금

^{보다 훨씬 더 저렴하게 제공받을 수 있을 게 틀림없다)}가 가진 지능과 결단력, 그리고 집행 기술이 합리적인 보수를 조건으로 공동체에 도움이 되게 하는 직접세 제도를 도입하는 것"을 구체적인 목표로 제시한다. 더구나 "이자생활자 및 기능을 상실한 투자자의 안락사는 (…) 점진적이지만 오래 지속되는 과정일 뿐이다. 따라서 그 과정에는 혁명이 전혀 필요하지 않을 것"^(p.458)이라는 점을 강조함으로써 마르크스의 혁명적 입장과는 매우 다른 정치적 보수주의 입장을 취했다. 케인스의 주목적은 정치적 자유주의를 강령으로 내세우고 이를 새로운 경제학 체계로 뒷받침하려는 데 있었다고 볼 수 있다. 그는 특히 정부의 적절하고도 신중한 개입의 확대가 경제 상황을 개선시킬 것이라는 낙관적 믿음을 견지하고 있었다.

> 그러므로 소비 성향과 투자 유인이 서로 조정되도록 정부의 기능을 확장하는 정책이 19세기의 평론가나 현대 미국의 금융가에게는 개인주의에 대한 끔찍한 침해로 보일 것이다. 그러나 반대로 나는 기존의 경제적 형식들 전체가 파괴되는 것을 피하기 위한 수단 가운데 유일하게 실행할 만한 것이며, 개인이 성공적으로 경제를 주도하기 위한 전제 조건이라는 점에서 그것을 옹호한다. ^(p.463)

9명의 경제학자들

케인스는 장기적으로 이자율이 0으로 떨어질 것이라 예측했다는 점에서 리카도 등의 고전학파가 갖고 있던 정체 상태와 비슷한 비전을 갖고 있었던 셈이다. 그러나 그는 정체 상태를 우울하게 그리기보다는 존 스튜어트 밀이 그랬던 것처럼 다소 낭만적인 그림으로 묘사했다. 바로 1930년에 쓴 〈손자 세대에는 경제가 어떻게 전개될까〉라는 글*에서, 100년쯤 지난 뒤 경제적 측면에서 평균적으로 8배 정도 잘사는 사회가 되면 인간의 절대적인 욕구는 거의 만족될 것이라고 주장했다. 그때가 되면 더 이상 사람들이 "자신을 위해서 돈에 매달리는 것을 합당하게 여기지 않"고, "다른 사람의 경제적 어려움을 걱정해주는 것은 합당하게 받아들이게" 된다는 것이다.** 물론 여러 가지 제도적 장치를 통해 부와 소득의 분배가 지나치게 불공평하게 이루어지지 않도록, 그리고 적절한 정부 개입을 통해 완전 고용에 가까운 상태를 유지한다는 전제가 필요했을 것이다. 케인스는 기본적으로 지성의 힘을 믿는 엘리트주의에 입각한 의지적 낙관주의자였던 셈이다.

---

* 원제는 '우리 손주들의 경제적 가능성(Economic possibilities for our grandchildren)'이다.
** 존 메이너드 케인스, 《설득의 경제학》, 정명진 옮김, 부글북스, 2009, p.217.

우리는 모두 죽은 경제학자의 노예이다

《일반 이론》의 마지막 부분에서 케인스는 다음과 같이
말한다.

> 자신은 어떤 지적 영향도 받지 않았다고 자부하는 실무가들도
> 실은 이미 사망한 어떤 경제학자의 노예에 지나지 않는다. 하
> 늘의 목소리가 들린다고 하는 미친 위정자들도 몇 년 전에 어
> 떤 학자들이 써댄 졸렬한 글에서 자신의 광기를 뽑아내고 있
> 는 것이다. 기득권의 힘은 점진적으로 스며드는 사상의 영향
> 에 비해 지나치게 과장되어 있다고 나는 확신한다. (…) 좋은
> 것에 대해서든 나쁜 것에 대해서든 위험한 것은 기득권이 아
> 니라 사상이다. (pp.461~462)

케인스는 경제사상의 변화가 결국 실무가를 비롯한 사
람들의 의식에 알게 모르게 영향을 미침으로써 사회의 변화
를 이끌어간다고 생각했다. 즉 자신이 《일반 이론》에서 주장
하는 새로운 경제 이론이 궁극적으로 우리가 경제를 이해하
고 운영하는 방식 자체를 변화시킬 것이라는 낙관적인 믿음
을 갖고 있었던 셈이다. 현실적으로 사회 내에서 기득권을

가진 지배 계급 혹은 지배층은 자신들의 이익을 옹호하는 여러 가지 이데올로기를 정교하게 갖추고 모든 사람들로 하여금 그것을 객관적인 것으로 받아들이도록 강제하는 측면이 있다. 예를 들어 언론이나 교육 등을 통해 객관적이고 중립적인 진실로 포장되어온 사상이 사실은 지배 계급의 기득권을 옹호하는 편파적인 이데올로기일 가능성도 크다. 그러나 케인스는 국가 기구가 공공의 이익을 위해 기능할 수 있다고 믿는 것으로 보인다. 더구나 권력 탈취와 같은 혁명적인 방법이 아닌 사상의 힘으로 기득권 세력의 시도를 물리치고 사회를 개선해나갈 수 있다는 것이다. 두 차례에 걸친 세계대전의 경제적 처리 과정에서 겪었던 그의 좌절을 떠올리면 다소 의외이다.

자신의 사상을 펼치기 위해 먼저 정치권력을 얻는 것이 필요하다고 생각했던 사상가들은 일일이 이름을 열거하기도 어려울 정도로 많다. 케인스의 후배이자 동료였던 케임브리지 경제학자 조앤 로빈슨조차도 '경제 이론 제2의 위기'라는 제목의 1971년 미국경제학회 연설에서 케인스 혁명은 위대한 지적 승리가 아니라 너무 늦게 왔다는 의미에서 비극이라고 주장했다. "케인스가 왜 실업이 발생하는가라는 설명을 마치기 전에 이미 히틀러는 실업을 치료할 방법을 찾아냈던 것이다."* 어쩌면 케인스는 《일반 이론》의 마지막 단락에서 자신이 제1차 세계대전 당시 겪었던, 그리고 심지어 브레턴우즈에서 다시 겪을 좌절을 희망의 언어로 바꿔 표현한 것은 아니었을까? 자신의 사상이 결국에는 세상을 변화시킬 것이라는 낙관, 그럼에도 현실은 미친 위정자들에 의해 움직인다는 것, 둘 사이의 간극 속에서 어쩌면 자신의 희망을 나타낸 것일지도 모른다. 마치 대중의 무지를 깨우치는 데 "지독하도록 불완전한" 교육의 힘 앞에 좌절하면서도 희망의 끈을 놓지 않았던 존 스튜어트 밀처럼.

---

*   Joan Robinson, *Contributions to Modern Economics*, Academic Press, 1978, p.10.

9명의 경제학자들

경제학은
혁명을
기획할 수 있는가

현실사회주의와 경제학

　20세기에 존재했던 현실사회주의 국가들의 지도자는 정규 교육을 받은 인물이건 파르티잔 출신이건 간에 거의 예외 없이 일종의 철인(철학자) 정치가를 지향했다. 현대의 대중민주주의에서도 정치 엘리트가 선거 때만 되면 자신의 정치철학을 담은 책, 하다못해 자서전이라도 출간하는 것은 흔한 일이다. 그러나 사회주의 국가들의 철인 정치가들은 그와는 비교가 안 될 정도로 심오한 수준의 철학이나 경제학 저술을 시도하곤 했다. 물론 집권 기간이 길어지면서 권력에 대한 견제가 무뎌지고 나아가 개인숭배 현상이 심화하는 과정에서 그 의미가 부풀려진 것들도 많았다. 그러나 유독 현실사회주의 국가에서 철인 정치가 중시된 이유 중 하나는 지금까지 아무도 시도해보지 못한 길을 걸어야 한다는 현실의 과제 때문이기도 했을 것이다. 자본주의는 누군가의 머릿속에서 창안된 시스템이 아니지만, 적어도 20세기에 존재했던 현실사회주의는 처음부터 정치 엘리트들의 기획으로 시도된 시스템이다. 오랫동안 존재해왔던 사회주의라는 유토피아적 상상력을 실제 정치권력의 획득과 함께 실행에 옮긴 최초의 장소에 레닌이 있었다.

마르크스는 미완의 저작인 《자본론》에서 자본주의 이후의 새로운 사회가 어떻게 운영될지에 관해서는 다루지 않았다. 몇몇 정치 팸플릿에서도 추상적인 원칙만 제시했을 뿐 구체적인 프로그램을 제공한 것은 아니었다. 만년에 러시아의 인민주의자 베라 자술리치와 러시아에서 사회주의 혁명이 가능할 것인가라는 주제로 여러 차례 편지를 주고받았을 때에도 매우 신중하게 학자적 태도로 일관하면서 여러 가지 가능성에 대해 논의했을 따름이었다.

그러므로 최초로 노동자 계급의 국가를 선언하면서 사회주의 혁명에 성공한 레닌으로서는, 아니 이미 그 이전에 유럽의 변방인 러시아에서 사회주의를 지향하는 혁명 정치가로서는 설사 다소 불확실하더라도 미래에 대한 새로운 프로그램을 과감하게 제시해야 했을 것이다. 더구나 그것이 반혁명 세력과의 목숨을 건 투쟁, 혁명 세력 내부에서의 권력 투쟁과 일상적으로 연결될 수밖에 없는 상황이라면 더 말할 나위도 없다. 레닌이나 마오쩌둥 같은 사회주의권 철인 정치가들의 철학적 저작이 실상은 그 안에 온갖 알레고리를 숨겨두면서 때로는 직접적으로 때로는 암시적으로 정적들을 공격하는 정치적 저작의 성격을 띠는 것도 이 때문이다. 레닌의 경제학 저작들은 러시아에서 사회주의 혁명을 기획하는 상태에서 이를 정당화하기 위해, 혹은 그 필연성을 도출하기 위해 저술된 것들이다. 물론 조지 오웰의 말처럼 글쓰기의 목적이 세상을 글쓴이가 원하는 방향으로 밀고 나가기 위한 것에도 있다면, 본질적으로 모든 글은 그 출발에서부터 정치적이다. 레닌이 통상적인 의미에서 경제학자라 할 수 있는지는 이론의 여지가 있다. 그러나 20세기 역사에 엄청난 변화를 가져왔던 그의 정치 활동을 뒷받침했다는 사실만으로도 레닌의 경제학적 저작은 유의미하다. 경제학은 혁명을 기획할 수 있는가? 혁명을 20세기적 의미에서가 아니라 그저 물질적 삶의 일정 수준 이상의 변화라고만 정의하더라도 이 물음은 그 자체로 흥미로운 것이다.

레닌의 생애

블라디미르 일리치 레닌^{Vladimir Ilich Lenin(1870~1924)}은 제정
러시아에서 관료의 아들로 태어났다. 17세 되던 해, 친형이
차르 암살 미수 사건으로 처형당한 일은 그의 혁명 정치가로
서의 인생 경로에 큰 영향을 미친 사건이었다. 마치 박정희
가 1946년 10월 대구에서 총살당한 형의 영향을 받아 한때
남로당 활동을 했던 것과도 비견될 것이다. 정치권력에 희
생된 가족을 보면서 바로 그 권력을 얻어야겠다는 생각을 하
는 것은 어쩌면 자연스러운 일일지도 모른다. 물론 그 생각
을 일생에 걸쳐 밀고 나가 실행에 옮기는 것은 아무나 할 수
있는 일이 아니고, 어떤 의미에서건 탁월한 개인만이 성취할
수 있다.

레닌은 당시 러시아에 밀어닥친 온갖 급진주의의 조류
속에서 마르크스주의를 택했고, 대학에서 퇴학당하기도 하
는 우여곡절 끝에 변호사가 된다. 그러나 곧 당국에 의해 체
포되어 시베리아로 유형을 떠난다. 1899년에 유배지에서 쓴
《러시아의 자본주의 발전》을 출간하여 당시 러시아의 나로드
니키^(인민주의자)들의 주장, 즉 러시아는 자본주의가 충분히 발전
하지 못했기 때문에 사회주의 혁명이 불가능하다는 명제에

맞서 이미 자본주의가 충분히 성숙해 있음을 논증하고자 했다. 노동자 계급의 자생성보다는 혁명적 전위의 조직가 역할을 강조한 팸플릿 《무엇을 할 것인가?》를 저술한 레닌은 러시아 사회민주주의노동당 내의 이른바 볼셰비키 분파를 이끄는 지도자로 성장했다. 레닌은 매우 정력적인 혁명 정치가인 동시에 왕성한 저술가였다. 1909년에는《유물론과 경험 비판론》이라는 철학 저작을 출간하기도 했다. 1914년 제1차 세계 대전이 일어났을 때, 독일의 사회민주당을 비롯한 유럽의 사회주의적 정당들은 통념과 달리 애국주의적 입장에서 각자의 정부에 따라 전쟁을 지지하고 나섰다. 이에 레닌은 프롤레타리아 국제주의의 관점에서 적극적으로 전쟁에 반대할 것을 주장했다. 주로 스위스에 머물던 레닌은 1916년에 자신의 대표적 경제학 저작인《제국주의: 자본주의 최고의 단계》를 저술한다.

1917년 러시아에서 2월 혁명이 성공하여 차르 체제가 무너지자, 레닌은 동료 볼셰비키들과 함께 독일 정부가 제공한 '봉인 열차sealed train'를 타고 페테르부르크(뒤에 레닌그라드로 이름이 바뀌는)의 핀란드 역에 도착한다. 귀국 이후 〈4월 테제〉를 발표, 임시 정부에 대한 비타협적 저항을 주장하고 다시 핀란드로 피신하여《국가와 혁명》을 저술한다. 마침내 10월 혁명이 일어나자 귀국한 레닌은 소비에트연방공화국의 최고 지도자가 된다. 사회주의 혁명에 반대하는 백군White Army과 내전을 치르던 시기에는 전시공산주의war communism, 이후 다시 시장 경제 요소를 상당 정도 도입한 신경제 정책NEP(New Economic Policy) 등으로 사회주의 국가의 경제 시스템을 갖추고자 노력했다. 그리고 1922년 뇌일혈로 쓰러져 1924년에 사망한다.

러시아의 자본주의 발전

흔히 알려진 마르크스주의 역사 발전 5단계설*에 따르면, 인류 역사는 노예제와 봉건제 다음에 자본주의를 거쳐 사회주의 혹은 공산주의 단계로 옮아간다. 그렇다면 자본주의가 충분히 발전하지 않은 사회라면 사회주의로 넘어가는 것은 불가능하다는 뜻이 아닐까? 레닌이 시베리아 유배 중에 집필한 《러시아의 자본주의 발전》은 바로 이러한 물음에 답

---

* 물론 마르크스 자신이 명시적으로 주장한 적은 없다. 만년의 마르크스는 자신이 역사 발전의 법칙을 제시했다는 주장에 대해 "내게 있어 최대의 영광이자 최대의 모욕"이라고까지 말했다. 그러나 《자본론》 제1권 마지막 부분에서 자본주의의 발전이 궁극적으로는 그 지양으로 이어진다는 마르크스의 서술은 암묵적으로 자본주의가 충분히 발전한 다음에 새로운 사회로 이행한다는 것처럼 읽히는 것도 사실이다.

9명의 경제학자들

하기 위한 저작이다. 이 책의 주요 논적은 당시의 인민주의 자들인데, 이들에 따르면 러시아는 아직 사회주의 이행을 논할 만한 단계가 아니므로 자본주의부터 충분히 발전시켜야 한다거나 미르라 불리는 러시아 특유의 농촌 공동체가 지닌 공동체적 성격을 잘 발전시켜 자본주의를 거치지 않은 채 곧바로 러시아 나름의 사회주의로 이행해야 한다는 것이었다. 반면 레닌은 당시 러시아 사회에서 진행되고 있는 자본주의 발전의 내용을 입증하고자 했다. 농촌 사회 내부에서 농민층 분화가 일어나고 있다거나 대공업의 발전 조짐이 나타나고 있다는 내용 등을 여러 통계 자료를 이용해 분석한 것이다. 그런데 이론적으로 주목할 만한 것은 이미 1893년 레닌이 20대 초반에 썼던 〈이른바 시장 문제에 관하여〉라는 글의 연장 선상에서 국내 시장의 형성을 논한 부분이다.

마르크스는 사후에 출간된 《자본론》 제2권에서 경제 전체의 생산 부문을 생산재 생산 부문인 I부문과 소비재 생산 부문인 II부문으로 구분한 다음, 두 부문 사이에 엄밀한 수량적 관계가 성립해야 함을 보이는 재생산 표식 분석을 제시했다. 재생산 표식 분석은 일종의 2부문 성장 모형이라 해석할 수 있는데, 부문 간의 투입 산출 연관을 명시적으로 고려하고 있다. 한 예로 소비재인 자동차에 대한 수요가 증가하여 공급을 늘릴 필요가 있다고 하자. 자동차 생산을 늘리기 위해서는 투입물인 철강에 대한 수요의 증가, 즉 철강 공급의 증대가 필요하다. 제6장에서 설명한 왈라스의 일반 균형 이론과 비슷한 문제의식을 갖고 마르크스는 두 부문 간에 일정한 양적 관계가 성립할 때에만 자본주의 경제가 정상적으로 유지될 수 있음을 보여주었던 것이다. 재생산 표식 분석은 마르크스주의자들 사이에서도 여러 가지 방식으로 응용되었는데, 자유분방한 기업 활동에 기반한 자본주의에서는 엄밀한 균형 조건이 충족될 수 없기 때문에 결국 자본주의는 정상적으로 유지되지 못하고 스스로 붕괴할 것이라는 이론에서부터 반대로 균형 조건만 잘 유지되면 자본주의는 영원히 지속될 수 있다는 이론까지 그 정치적 함의의 스펙트럼은 넓었다. 그런데 레닌은 I부문의 우선적인 발전이 있고 거기에 맞춰 II부문이 따라오면 유효수요 문제가 해결된다는 함의를 이끌어냈다. 자본주의가 충분히 발전하지 못하는 이유로 흔히 제기되는 국내 시장의 부족 문제를 I부문, 즉 생산재 생산 부문의 우선적 발전을 통해 해결할 수 있다는 것이다. 당시 농업의 비중이 압도적이었던 후진국인 러시아에서 시장 부족 문제 때문에 자본주의 발전이 불가능하다는 주장을 I부문의 우선적 발전 테제로 반박하고자 했던 것이다.

사실 이러한 테제는 사회주의 혁명 이후에 오히려 더 중요한 의미를 갖는다. 레닌이라는 최고 권력자의 주장인 까닭도 있겠지만, 사회주의 계획 경제를 발전시키는 데 있어 I부문, 즉 중화학 공업을 우선적으로 발전시키는 이른바 불균형 성장 전략이 채택되기에 이른 것이다. 2부문 성장 모형은 각 부문별 고용량이나 임금, 투자율 등에 관해 적절한 수치를 부여함으로써 부문 간 균형 조건이 충족되도록 만들어낼 수 있다. 더구나 사회주의가 경제적 측면에서는 중앙 기구가 생산과 소비 등을 계획하여 운영하는 시스템으로 이해되었기 때문에, 정교하게 수립된 계획을 현실에서 그대로 실행할 수만 있다면, 불균형 성장이 가능하도록 구성할 수 있다. 레닌 사후 권력을 이어받은 스탈린의 중화학 공업 우선 및 농업 희생 정책은 이러한 생각을 극단적으로 밀어붙인 것이다.

비단 사회주의 체제가 아니더라도 국가 주도적으로 경제 발전을 추구하는 시스템에서는 마찬가지로 적용될 수 있다. 그러므로 I부문의 우선적 발전 테제는 제2차 세계대전 이후 신생 독립국들이 경제 개발을 추진하는 과정에서도 광범하게 적용되었다. 시기상으로는 앞서지만 그 대표적인 사례가 1930년대 일본이 건설한 만주국의 경제 계획이었다. 만주국에 진출한 일본의 경제 관료와 경제학자 중에는 마르크스주의의 영향을 받은 인물들이 많았고, 전쟁 준비를 위한 군수 산업의 발전이라는 현실적 필요와 맞물리며 생산재 산업에 대한 집중적인 투자를 골자로 하는 경제 계획이 실행되었다. 제2차 세계대전 이후 패전국인 일본이 경제 개발을 하는 과정에서도 이른바 경사傾斜 생산 방식, 즉 석탄이나 철강 같은 기간산업 분야에 노동력과 자본을 중점적으로 배분하여 재생산 가능한 시스템을 구축한다는 개념이 활용되었다. 한국전쟁 이후 북한의 자립적 민족경제론도 유사한 개념을 갖고 있었다. 만주국의 경험은 의도하지 않은 부산물로서 남한 경제에도 막대한 영향을 끼치는데, 바로 박정희를 비롯한 만주국 군인 및 관료 출신들이 군사 정권에서 중요한 역할을 했기 때문이다. 젊은 날의 원체험이 작동한 사례일 수도 있는 것이다. 1970년대 초반의 중화학 공업화 정책과 10월 유신이라는 정치적 억압 기제를 연결지어 설명하는 경우가 많다. 그 평가야 어떻든 간에 I부문의 우선적 발전 테제가 정치적으로 파시즘이나 혹은 그에 가까운 강력한 중앙 집권적 국가 주도 성장 과정에서 추진되었다는 것은 시사하는 바가 크다. 어쩌면 거시경제를 몇 개의 생산 부문과 몇 가지 중요한 변수들 간의 관계로 요약하고, 비유하자면 엑셀 프로그램에 숫자를 입력하여 목표 성장률을 끌어내고 이를 현실에서 구현하려는 과정은 암묵적으로 중앙 집중적인 권력의 효율적 집행 능력에 대한 믿음과 친화성이 있는 것일지도 모른다. 왈라스의 경매인 내러티브나 존 스튜어트 밀의 사회주의와 자유주의의 조화로운 결합 등에서 알 수 있듯이, 뜻밖에도 많은 경제학자들이 비슷한 문제틀 속에서 고민하고 있었던 것은 아닐까? 자본주의적 시장 가격의 효율성이건 사회주의적 계획 경제의 재생산이건 비슷한 이미지를 갖는 중앙의 메커니즘을 요구할 때, 그 사회 속에서 살아가는 개인들의 자유와 권리는 어느 정도까지 인정되어야 하는가? 결국 개인의 자유와 사회의 공공적 이익 사이의 긴장 관계라는 고전적인 문제가 가로 놓여 있는 것이다.

제국주의의 약한 고리

일본식 번역어인 '제국주의론'으로 더 잘 알려진《제국주의: 자본주의 최고의 단계》는 그 부제에서 보는 바와 같이 제국주의를 단지 특정한 침략적 대외 정책이나 군사적 야만성이 아니라 자본주의 발전의 한 단계라고 위치 지은 것이 가장 큰 특징이다. 더욱이 제국주의는 몇몇 나라의 문제가 아니라 하나의 거대한 세계 체제이며, 그 체제 안에는 빠르게 발전하는 부문과 뒤처진 부문 사이에 격차가 발생한다. 즉 체제를 연결하는 고리 중에 '약한 고리'가 반드시 존재하고, 그 고리가 끊어지는 데에서 사회주의 체제로의 이행이 시작되는 것이다.

100여 쪽 남짓한 이 짧은 책에서 레닌은 제국주의의 특징을 다음과 같이 요약한다.

> 첫째, 생산과 자본의 집적이 경제생활에서 결정적인 역할을 수행할 정도의 높은 수준으로까지 발전한다.
>
> 둘째, 은행 자본과 산업 자본이 융합하여 금융 자본이 되고, 이에 기초하여 금융과두제가 형성된다.
>
> 셋째, 상품 수출과 구별되는 자본 수출이 중요한 의미를 갖게 된다.
>
> 넷째, 국제적인 자본주의적 독점체가 형성되어 세계를 분할한다.
>
> 다섯째, 자본주의 강대국들 사이에 전 세계를 영토적으로 분할하는 일이 완성된다.

풀어서 설명해보면, ① 대기업들이 등장하여 시장을 지배하고 독점력을 행사하며, ② 은행도 점점 대형화하여 그 자체가 하나의 독점체가 되어 단순히 금융 거래를 매개하는 역할을 넘어서는 존재가 되고, ③ 그 은행과 독점적인 기업이 서로 유착하고 결합하여 금융 자본이 되면서 소수의 보스가 금융을 움직이는 금융과두제가 성립한다. 그 결과 ④ 국내에는 자본이 남아돌아 과잉 자본 상태가 되고, 이를 후진국으로 수출하는 자본 수출이 필연적으로 생겨나며, ⑤ 결국에는 자본주의 독점체가 세계를 분할하게 된다. ⑥ 이러한 자본 수출 과정에서 제국주의 국가들은 세계를 일정한 영역으로 나누어 지배하게 되고, 그 이해관계가 충돌하면서 마침내 전쟁을 피할 수 없게 된다.

혼히 제국주의의 특성으로 이해되는 것은 ④~⑥의 세 가지, 즉 국민 국가의 경계를 넘어서는 문제들이다. 그런데 레닌은 이러한 특성들이 ①~③의 세 가지, 즉 자본주의 발전 단계의 필연적 결과라고 연결시킨 것이다. 이로부터 제1차 세계대전에서 노동자 계급은 국제주의 원칙에 따라 전쟁에 반대해야 한다는 레닌의 정치적 원칙이 도출된다.

사실 제2차 세계대전 이후의 역사적 전개를 감안하면, 레닌이 제시한 다섯 가지 혹은 여섯 가지 지표 중에서 후반부의 것들은 적어도 그대로는 관철되지 않았다. 그래서 라틴 아메리카의 마르크스주의 이론가들은 제국주의 지표를 전반 지표와 후반 지표로 구분하고, 구 식민지 국가들에서는 대외 경제와 관련된 후반 지표는 나타나지 않으며 국내 경제와 관련된 전반 지표만 관찰된다는 식의 이론을 전개하기도 했다.

레닌 자신도 인정했듯이, 《제국주의론》은 독창적인 업적이라기보다는 기존의 여러 문헌들로부터 얻은 내용을 사회주의 혁명가의 입장에서 재구성한 것이었다. 그는 1924년에 죽었기 때문에 당연히 제2차 세계대전 이후의 세계 정치경제의 변화를 관찰할 수 없었다. 더구나 사회주의 혁명의 당위성을 주장할 정치적 필요 때문에도 당시의 자본주의가 이미 최고 단계에 도달했다는 점, 즉 사회주의로 넘어갈 수밖에 없는 마지막 단계에 이르렀다는 점을 강조했다. 따라서 여전히 제국주의론의 틀로 국제 정세를 설명하려는 시도가 없는 것은 아니지만, 발간 100년이 지난 지금의 시점에서 레닌의 분석은 그대로 적용될 수 없는 이론이 되었다.

그럼에도 레닌의 통찰력을 보여준 몇 가지 점은 기억해둘 만하다. 거의 동시대인이었던 케인스와 레닌을 비교해보는 일도 흥미로울 것이다.

무엇보다도 자본주의를 고쳐 쓸 수 있다고 생각한 케인스와 달리, 레닌은 사회주의 혁명가인 만큼 자본주의 체제는 낡고 썩어서 수명이 다했다고 생각했다. 《제국주의론》 제8장

'기생성과 자본주의의 부패'에서 레닌은 자본주의 생산 양식은 진보적 성격을 상실하였다고 주장한다.

《공산당 선언》에서 마르크스와 엥겔스는 끊임없는 기술 혁신을 통한 노동생산력 증대, 그로 인한 사회 변화의 물질적 기초 형성을 자본주의 경제의 주요 특징으로 꼽았다. 그러나 경쟁이 사라지고 독점이 등장한 제국주의 단계에서 독점체들은 높은 독점 가격을 부과하여 초과 이윤을 얻을 수 있기 때문에, 경쟁의 강제 법칙 아래에서 기술 혁신을 추구하는 것이 아니라 오히려 지체시키고 때로는 이미 이루어진 기술 진보마저도 사장시킨다. 금융 자본이 등장하고 금융과두제가 성립하면, 생산 과정에 관여하지 않는 이자생활자들이 비정상적으로 늘어나고 금융 활동만을 통해 막대한 이익을 얻게 된다.

레닌은 19세기 말의 영국에서 이자생활자의 수입이 무역을 통한 수입의 5배나 된다는 현실을 지적한다. 물론 독점 기업이 기술 혁신을 지체시킨다는 레닌의 견해는 독점을 지나치게 정태적으로 관찰한다는 비판을 받을 소지가 있다. 특히 오늘의 기준에서 보면 독점 구조는 지속되더라도 그 주체인 독점 기업은 신기술 경쟁에 노출되어 자주 교체된다는 의미에서 동태적으로는 효율적이라는 반론도 충분히 가능하다.* 그러나 이자생활자가 서서히 안락사할 것이라는 케인스의 《일반 이론》의 예측은 비록 그 출간 시점이 《제국주의론》보다 20년이나 뒤라는 점을 감안하더라도 지나치게 낙관적이다. 더구나 《일반 이론》의 예측으로부터 90여 년이 흐른 지금의 글로벌 자본주의에서 금융 자본이 얻는 천문학적 수익과 그 사회적 중요성을 생각하면, 금융의 기생성이 강화된다는 레닌의 주장이 오히려 정확해 보인다.

케인스 또한 두 차례의 세계대전으로 말미암은 국제 경제의 붕괴, 그 과정에서 겪은 정치적 좌절 등으로 민주적인 국제 경제 질서 구축을 중요한 이론적 실천의 목표로 삼았다. 단지 유효수요 부족을 넘어 자본 수출이 필연화하는 제국주의 체제의 모순을 강조한 레닌과 비록 표현하는 언어는 달랐지만 현실 인식은 비슷한 것이었을 수도 있다. 그러나 케인스가 자신과 같은 엘리트의 사상을 통해 끊임없는 설득으로 좀 더 민주적인 체제를 구축할 수 있다고 믿었던 반면,

---

* 정태적이라는 것은 어떤 주어진 시점에서, 동태적이라는 것은 시간의 흐름에 따라 사태를 파악하는 것을 의미한다. 동태적으로 효율적이라는 말은 어느 시점에서 보면 독점은 비효율적이지만 시간이 지나면서 경쟁에 노출되기 때문에 길게 보면 효율적이라는 뜻이다. 특히 IT 계통 기업에서 한 개의 독점 기업이 얼마 지나지 않아 다른 독점 기업으로 교체되는 경우를 볼 수 있는데, 그와 같은 경우를 가리킨다고 생각하면 이해하기 쉽다.

레닌은 약한 고리를 끊어내는 사회주의 혁명을 통해 현실을 변혁하고자 했다. 레닌의 기획은 성공하지 못했지만 케인스의 기획 또한 실행 단계에서부터 좌절해야 했다.

한편 레닌은 부패한 자본주의인 제국주의 단계에서 노동자 계급 일부가 독점적 초과 이윤을 일부 분배받음으로써 노동 귀족이 될 가능성에 관해서도 지적했다. 특히 당시 영국 노동 운동의 쇠퇴를 분석하면서 노동자 계급의 상층부가 부르주아지에 매수되어 식민지 노동자 계급의 착취에 간접적으로 기여하게 된다는 주장을 전개한다. 제국주의의 중요한 특성인 식민지 착취를 통해 본국의 독점 자본이 기생하게 되고 그 과정에서 본국의 노동자들이 잉여의 일부를 나눠 받는다는 것이다. 식민지와 본국이라는 설정을 벗어나면, 이러한 통찰은 지금도, 아니 신자유주의라 불리는 20세기 후반 이후의 자본주의에서 더욱 유효한 문제의식이다. 노동 시장 유연화에 따른 정규직 노동과 비정규직 노동의 임금 및 노동 조건의 좁힐 수 없는 격차는 관점에 따라서는 정규직 노동이 비정규직 노동의 착취에 간접적으로 기여하는 것으로 볼 수도 있기 때문이다. 더구나 노동자 계급이 단일한 실체가 아니라 이해관계에 따라 분열된 실체라는 것, 상황에 따라서는 '노동 귀족'이 자본가 계급의 편에 설 수도 있다는 인식은 전통적인 마르크스주의적 인식만으로는 파악하기 힘든 현실이다. 레닌 당대에 유럽의 노동자 계급 정당을 표방하던 사회주의자들이 애국주의에 입각하여 전쟁을 지지한 아이러니한 현실은 이로써 적어도 부분적으로는 설명된다.

마지막으로 제국주의 단계에서는 자본주의가 이미 세계 체제로서만 의미를 띠게 되므로 어느 한 나라만 분석하는 것으로는 부족하다는 점, 더욱이 세계자본주의 체제가 반드시 불균등 발전으로 이어진다는 점, 그 과정에서 한 사회 안의 계급 대립에 국가 간 대립 및 경쟁의 문제가 겹쳐진다는 점 등에 대한 인식은 식민지 체제가 공식적으로 사라진 현대에도 국제 정치 경제를 분석하기 위한 유용한 인식틀을 제공해준다.

엘리트주의와 정치권력

1917년 10월 혁명을 통해 소련의 최고 지도자가 된 레닌에게는 반혁명 세력과의 내전이나, 사회주의에 적대적인 외국과의 관계는 물론 한 번도 시도된 적이 없는 새로운 경제 체제를 실험해야 한다는 과제가 주어졌다. 새로운 시스템을 구축하기 위해서는 먼저 머릿속에 그렸던 이미지를 재현하고 그것을 실천 속에서 구현해야 한다. 20대 초반 〈이른바 시장 문제에 관하여〉를 집필하던 시점부터 경제학자로서의 정체성을 지니고 있던 레닌에게도 그것은 쉬운 일이 아니었을 것이다. 때로는 머릿속에 구축한 이미지가 제대로 재현되지 않았을 수도 있고, 제대로 재현되었다 하더라도 수많은 저항과 실수 등으로 여러 가지 왜곡과 변형을 거치면서 사회주의 체제의 성과를 내기가 어려웠을 것이다.

레닌이 꿈꾸었던 혁명의 시대는 분명히 지나갔다. 그러나 주기적인 선거를 통해 집권 세력이 교체되는 사회에서도 새로운 권력이 기존 권력의 머릿속에서 재현된 경제의 이미지에 대한 안티테제로서 무엇인가를 실현하려 할 때 부딪히는 문제들은 레닌이 겪었던 문제들과 본질적으로 다르지 않을 것이다. 사회가 복잡해지고 거대한 관료 조직이 갖추어져 그 자체가 하나의 정치권력이 될 때, 엘리트가 혹은 엘리트의 사상이 세상을 얼마나 바꿀 수 있을까? 케인스가 《일반 이론》의 마지막 단락에서 얘기했던 사상의 위대한 힘은 여전히 유용한가? 한편 그 엘리트의 사상이 막강한 권력의 힘을 받아 추진될 때, 그리고 어느 순간 권력 자체의 논리에 의해 최초의 선한 의도마저 왜곡되기 시작할 때, 그것을 견제하는 힘은 어디에서 찾을 수 있는가? 스탈린에게는 권력을 주지 말라는 비밀 유서를 남겼던 레닌의 머릿속에서 그가 20대 때부터 마음속에 품었던 사회주의 경제는 어떤 형태로 유지되고 남아 있었을까? 마르크스나 존 스튜어트 밀, 왈라스와 마찬가지로 이상적인 경제 체제에 관한 상을 가지고 있었으나 그들과는 달리 실제로 실행에 옮길 정치권력을 가지고 있었다는 점에서 레닌은 어쩌면 더 비극적인 존재일 수밖에 없었을지도 모른다.

민족이라는 급진과
경제라는 현실

한국적 경제학?

경제학은 특수성보다 보편성을 추구하는 학문이다. 오래전 '한국적 경제학'이 필요하다는 식의 문제 제기가 있었던 적이 있지만 이내 묻혀버리고 만 것도 아마 그래서일 것이다. 그 결과 한국적 문학이나 한국적 문화 등에 관한 담론은 ^(아마도 문외한인 필자의 생각일 수도 있으나) 주류 담론에서 일정한 지분을 갖고 있는 것처럼 보이지만, 경제학에서는 그렇지 않다. 무엇인가 '한국적'인 것을 강조하다 보면 '사이비'이거나 '비주류'로 낙인찍힐 가능성이 크다. 지금까지 이 책에서 다룬 경제학자들이 레닌을 제외하면 예외 없이 선진국의 경제학자였던 것은 기본적으로는 당대 최고의 경제학은 당대에 경제가 가장 발전한 나라에서 나온다는 일종의 법칙 때문인데, 이 또한 경제학이 민족이나 국가별로 특수한 문제보다 보편적인 문제를 다루고 있다는 인식과도 깊은 관련이 있다. "자본에는 국적이 없다"나 "노동자에겐 조국이 없다"라는 마르크스주의적 슬로건조차도 특수성보다는 보편성을 강조하는 셈이다.

그런데 한국 사회가 경험하고 처한 현실을 과연 한국의 사회과학자들이 제대로 다루고 있는가라고 물음을 바꿔보면, 상황을 다르게 볼 수 있는 길이 열린다. 권위주의 체제하의 압축 성장과 다이내믹한 사회 변동, 상투적인 표현이지만 기술의 근대성^(산업화)과 해방의 근대성^(민주화)을 일정 수준 이상으로 동시에 달성하는 데 성공한 예외적인 신생 독립국, 그럼에도 여전히 국제 정치의 결전장이기를 멈추지 않는 지정학적 조건 등은 한국이 사회과학의 보고寶庫임을 말해준다. 경제학자로서의 레닌에 관심을 가졌던 것도 그의 기획과 실험이 사회주의 체제라는 유례없는 정치 경제 시스템을 탄생시켰기 때문이었다. 그렇다면 남북 분단이라는 현실을 경험하고 있는 한국 사회를 분석하는 것은 현실적인 필요를 넘어서서 한국의 경제학, 더 넓게는 사회과학이 비교우위를 가질 수 있는 분야가 아닐까? 2018년 평창 올림픽에서 남북 단일팀 구성이 청년 세대에게 공정성 논란을 불러일으켰던 것은 기성 세대에게는 뜻밖의 반응일 수 있지만, 역설적으로 분단이라는 현실이 여전히 우리의 일상에도 영향을 미친다는 증거이다. 그럼에도 분단이나 민족이라는 키워드는 정치 외교적 이슈로만 다루어질 뿐, 경제 이론의 영역에서는 시민권을 얻지 못하고 있다. 다소 과장하자면, 에우제네 이오네스코의 유명한 연극 〈코뿔소〉의 내용은 한국 사회과학계가 처한 현실을 풍자하는 것일지도 모른다.

> 어느 날 제멋대로 날뛰는 한 떼의 코뿔소가 평화로운 시장 한복판을 휩쓸고 가버렸다. 소동이 가라앉은 뒤에 식료품 가게 주인, 지주, 노신사는 방금 일어난 일에 대해 토론을 시작한다. 그러다가 논리학자가 대화에 끼어든다. 그는 자신이 받은 교육을 바탕으로 이 상황을 이론적으로 설명할 자격을 갖춘 유일한 사람이다. 논리학자는 지금 가장 중요하고 논리적인 질문은 그 코뿔소가 뿔이 한 개였는지 또는 두 개였는지에 대한 것이라고 주장한다. 이로 인해 사람들 사이에서 많은 논란이 벌어진다.*

---

* 피터 플레밍, 《호모 이코노미쿠스의 죽음》, 박영준 옮김, 한스미디어, 2018, pp.388~389.

민족주의적 감성은 다소 극단적인 정치 세력에만 존재하는 것이 아니다. 중국 국적 노동자들에 대한 반감이나 일본과의 외교적 갈등에서 수시로 나타나는 정치적 동원 기제 등은 여전히, 아니 앞으로 점점 더 민족 문제가 중요한 경제 문제가 될 수도 있음을 암시한다. 이 책에서 마지막으로 한국의 경제학자, 그것도 민족경제론의 상징적인 인물을 다루는 것은 바로 이러한 배경에서이다.

소년 파르티잔에서 경제학자로

박현채(1934~1995)는 일본 식민지 시기 전라남도 화순에서 태어났다. 생전에 즐겨 하던 회고에 따르면, 그는 파업에 참가한 화순 탄광 노동자들의 허리춤에 매달린 주먹밥을 보면서 이 세상을 움직이는 직접생산자의 편에 서서 살기로 결심했다고 한다. 흔히 지적되는 난삽한 일본어식 문체, 서구의 참고 문헌도 일본어 번역을 통해 읽고 인용하는 것 등은 그가 속한 세대의 어쩔 수 없는 특징이라 할 수 있다. 학술적으로는 모국어보다 식민자의 언어에 더 익숙한 세대, 그 번안적 근대는 박현채뿐만 아니라 한국의 지성사를 상당 기간 지배했던 질곡이었다.

박현채는 초등학교 시절부터 동맹 휴학을 주도하고 에드거 스노의 《중국의 붉은 별》을 탐독할 정도로 조숙한 소년이었다. 그는 한국전쟁 당시 다니던 광주서중을 그만두고 입산, 백아산 일대에서 활동한 소년 파르티잔 출신으로 조정래 소설 《태백산맥》의 소년 전사로 형상화되기도 했다. 우여곡절 끝에 산에서 내려온 박현채는 약간 늦은 나이에 서울대학교 상과대학에 입학하여 경제학을 공부하였고, 어려서부터 마르크스주의 서적을 읽은 탁월함을 금세 드러내며 상과대학의 좌파 이론가로 알려졌다. 대학원에 진학하여 1961년 〈자본주의와 소농경제〉라는 석사 학위 논문을 제출했고, 한국농업문제연구회 등을 중심으로 농업 문제 연구에 몰두했다. 당시의 한국은 여전히 농업 국가라 할 수 있었고, 식민지 시기부터 마르크스 경제학이 주도했던 한국의 경제학계에서 많은 경제학자들이 경제사나 농업경제학을 연구하던 분위기 탓도 있었을 것이다.

박현채는 서울상대 강사이던 1964년 인민혁명당 사건으로 구속되어 1년여 동안 복역한다. 이 사건 등의 정치적 경력 때문에 그는 대학교수가 될 수 있는 가능성을 차단당한 채, 여러 대학에서 시간 강의를 하면서 '경제평론가'라는 직함으로 열 권 이상의 저서와 학술 논문과 칼럼의 경계를 넘나드는 수많은 글을 남겼다. 특히 1978년에 출간한 평론모음집《민족경제론》이 당시 운동권을 중심으로 널리 읽히면서 '민족경제론'이라는 고유명을 얻게 되었다. 1985년에는 국가독점자본주의론을 제기하면서 1980년대 말 재야 운동권과 대학가를 달구었던 사회구성체 논쟁의 단초를 열었다. 민주화 이후인 1989년 55세의 나이에 광주 조선대학교 경제학과 교수로 부임하여 민족경제론을 강의했다. 그러나 짧은 교수 생활 뒤 병으로 쓰러져 오랫동안 치료받다가 1995년에 사망했다. 사후인 2006년에 총 7권으로 이루어진 '박현채 전집'이 출간되었다. 대부분 잡지 청탁을 받아 쓴 평론 성격의 글이고, 전집에 포함되지 않은 다른 사람의 이름으로 발표한 글도 많은 것으로 알려져 있다. 암묵적으로 사회주의 체제를 지향했으나, 정치적 상황 때문에 글에서 정치적 지향을 직접 드러낸 경우는 거의 없다. 서울대학교 상과대학 경제학과를 중심으로 하는 좌파적 지향의 경제학에 인적으로나 이론적으로 많은 영향을 미쳤다.

이상의 경력에서 연상되는 것과 달리, 박현채는 항상 구체적 상황의 구체적 분석을 강조하는 현실 감각을 갖춘 인물이기도 했다. 실제로 그는 끊임없이 현실과의 결합을 도모했다. 잘 알려지지 않았지만 1960년대 중반 당시 군사 정권에 대해 비공식 자문 역할을 했던 국민경제연구회 연구원으로 일하면서 정책 보고서를 작성했다. 그의 현실 정치 활동 중에서 가장 유명한 것은 1971년 대통령 선거(10월 유신 직전의 마지막 직접 선거)에서 야당 후보인 김대중의 정책 공약집《대중경제 100문 100답》(이른바 대중경제론) 작성을 주도한 것이다. 그는 1992년 이른 바 '뉴디제이 플랜'으로 김대중과 결별하기 전까지는 착실한 '비판적 지지자'*이기도 했다. 1987년 6월 항쟁 이후 어렵게 확보된 민주화 국면에서도 그는 젊은 연구자들과 함께 한국사회연구소를 창립하여 현상 분석에 기초한 진보적 이론을 확립하기 위해 노력했다.

1960년대 초반, 서울대학교에서 석사 학위를 받은 경제학 전공자라면 상당 수준의 지식인이자 엘리트로서의 정체성을 지닌 것으로 평가할 수 있다. 이러한 엘리트라는 정체성과 소년 파르티잔 출신이라는 정체성은 서로 충돌할 수밖에 없었을 것이며, 그 결과 박현채 자신의 실존적 문제에서부터 이론적·정치적 활동에까지 지속적인 영향을 미쳤을 것이라 짐작할 수 있다. 국민경제연구회 연구원으로서 경제 개발

---

*   1987년 민주화 당시 야당 정치가 김영삼 후보와 김대중 후보로 양분되면서, '비판적 지지'라는 용어는 김대중 후보를 지지하는 민주화 세력을 지칭했다.

과정의 이슈들, 대표적으로 한정된 자본을 경공업에 투자할 것인가 중공업에 투자할 것인가 등의 현실 정책적 주제들에 관여한 것, 그러면서도 이내 인민혁명당 사건에 연루된 것도 이러한 맥락에서 이해할 수 있다.

민족경제와 국민경제의 괴리

박현채의 이름을 그가 1978년에 출간한 《민족경제론》의 제목과 떼어서 생각하는 것은 불가능하다. 그의 책이 대부분 그렇듯, 《민족경제론》 또한 당시의 사회적 필요와 일종의 저술 노동자로서의 현실적 대응이 결합하여 쓰인 짧은 평론들의 모음집이지만, 그 내용은 가깝게는 4·19 공간, 멀게는 한국전쟁 당시부터 형성되어왔던 진보적 민족주의 흐름의 문제의식을 체화한 것이었다.

민족경제론의 주요 구성 요소는 크게 세 가지로 요약되는데, 민족경제와 국민경제의 괴리, 당위로서의 민족경제, 그리고 민족적 생활 양식의 문제이다.

일반적으로 경제학에서는 지역적 개념인 국민경제라는 용어를 사용하는데, 박현채는 그 안에 민족적 생존권을 뒷받침하는 경제 영역, 즉 민족경제와 민족적 생존권을 제약하고 축소·소멸시키는 경제 영역이 존재하며 양자는 상호 대립적인 관계가 있는 것으로 본다. [그림 9-1]에서 국민경제라는 커다란 원 안에 민족경제라는 작은 원이 포함되어 있다. 경제 성장은 국민경제의 양적 규모 확대를 의미하므로 바깥의 원이 커지는 것으로 나타낼 수 있을 것이다. 그런데 박현채에게는 그것이 반드시 민족경제의 확대를 의미하지 않는다. 국민경제 안에서도 민족경제와 나머지 영역 간에는 두 개의 화살표로 표현되는 대립의 관계가 존재하기 때문이다. 즉 국민경제는 성장하지만 민족경제는 축소될 수 있으며, 반대로 민족경제의 영역이 점차 확대되어 국민경제 안에서 차지하는 비중이 커질 수도 있다.

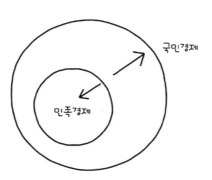

[그림 9-1] 민족경제와 국민경제

자본도 민족경제 안에서 자기 재생산의 기반을 갖는 민족 자본과 그렇지 못한 외국 자본 및 매판 자본으로 구분된다. 민족경제 영역의 충실한 발전은 궁극적으로 국민경제 전체가 민족경제화하는 결과를 가져온다. 민족경제론이 지향하는 규범적 목표는 기초 산업과 중소기업의 발전을 기초로 여러 산업들 간의 긴밀한 분업 관련 속에 자립 경제를 달성하는 데 있다. 또한 생존 기반이 민족경제의 부차적인 영역에 있는 민중은 자신의 계급적 이해와 민족적 이해가 일치하면서 민족주의적 성향을 더욱 강하게 띠는 민족경제 통합의 주체가 된다고 한다. 사실 매판買辦이라는 한자어 자체가 중국에 들어온 외국 상인들이 현지에서 고용하여 거래 중개를 맡겼던 사람, 요컨대 외국 자본의 앞잡이 노릇을 하는 이들이라는 의미에서 사용된 것이므로 매판 자본이나 매판 경제라는 것은 기본적으로 식민지적 경제를 상정할 때 적절한 개념이다. 국민경제와 민족경제의 괴리라는 것도 식민지 상황이라면 훨씬 더 쉽게 이해된다. 1930년대 공업화를 통해 식민지 조선의 경제가 성장하였다 하더라도 그것은 일본 국민경제의 일부였을 뿐, 그 안에 존재하는 조선 민족의 경제와는 독립적인 것이었다고 주장할 수 있기 때문이다. 그러나 박현채 자신도 인정한 바와 같이, 민족경제 영역을 실증적으로 명확하게 분리하여 측정할 수 있는지는 의문이다. 만약 그것이 불가능하다면, 민족경제와 국민경제의 구분은 일종의 공리처럼 되어 증명도 반증도 불가능한 영역이 될 것이기 때문이다. 더구나 글로벌 가치 사슬의 발전으로 A국에서 조달된 부품이 B국에서 조립되어 C국의 제품으로 D국에서 판매되는 상황에서 민족경제의 경계가 어디인지 확정하는 것은 무의미한 일일 수도 있다.

한편 이와 같은 일종의 이중 경제 파악은 1971년 대통령 선거의 대중경제론에서도 용어만 바뀐 채 그대로 등장한다. 대중경제론은 '특권경제'와 '대중경제'라는 개념 쌍을 서로 대립시키면서 대중경제의 확산을 통해 특권경제를 극복한다는 논리 구조 아래 작성된 것이었다. 대중경제라는 용어가 김대중 후보의 이름과 연관지은 작명이기도 하였다는 점, 민족경제보다 좀 더 일반인들의 저항 의식에 직접 호소할 수 있다는 점 등 선거 국면의 정치적 효과를 감안한 것이었다고 짐작된다.

현실사회주의 국가들이 붕괴하고 더욱이 금융화에 기초한 글로벌라이제이션이 진행되면서 민족이라는 키워드는 빛이 바랜 것이 사실이다. 그러나 민족경제와 국민경제의 괴리를 경제의 양적 성장 속에서도 소득과 자산 분배의 양극화가 심화되는 현실로 이해한다면, 민족이라는 개념을 사상하더라도 그 논리 구조는 어느 정도 유효하다. 이른바 산업화 세력이 주로 외국 자본이나 재벌 등의 대자본에 우호적이고 시장자유주의적 성장을 추구하는 반면, 이른바 민주화 세력은 내수 진작이나 중소기업 중심, 분배 개선 등을 추구하는 경향은 면면히 이어지고 있다.

당위로서의 민족경제

'당위로서의 민족경제'라는 개념은 용어 자체가 매우 난해하다. 그렇지만 아마도 근본적 변혁의 전제 조건으로서 통일을 염두에 둔 개념으로 이해하면 적어도 1960~1970년대의 진보 세력에게는 쉽게 받아들여질 수 있었을 것이다.

자립적 민족경제는 민족경제의 당위적인 완성을 의미한다. 그러나 이것은 통일 논의로서는 두 개의 의미를 지닌다. 하나는 보다 소극적으로 민족의 통일을 위한 민족의 자결의 기초로서의 민족경제, 민족자립경제의 확립이고 보다 적극적으로는 민족 공동체를 기초로 한 재생산권의 실현 또는 통합으로서의 분단된 조국의 체제적 한계를 넘어선 상호 보완 관계의 확립이다.*

　지금으로서는 이해하기 쉽지 않지만, 1960년대 4·19 공간의 통일 운동에서 중요한 명분 중 하나는 경제 문제였다. 식민지 근대화와 남북 분단으로 말미암은 기형적 산업 구조, 즉 북쪽에는 주로 공업, 남쪽은 농업이라는 구조가 극복되지 못한 상태였고, 경제 성장의 성과 또한 북한이 남한을 앞선 상태였기 때문이다. 북한과 남한이 같은 민족이므로 통일해야 한다는 것은 박정희 정권을 포함한 누구나 적어도 공적 담론으로서는 당연하게 받아들이는 상황에서 경제적 차원에서도 국민경제와 민족경제가 괴리된 상황을 통일을 통해 해결할 수 있다는 주장이었다. 단지 민족적 정서의 차원을 넘어 남북한 경제의 통합을 통해 산업들 사이의 유기적 연관이 확보되는 국민경제, 즉 [그림 9-1]에서 민족경제 영역이 확장되어 국민경제를 가리키는 원과 일치되는 상태를 지향한다는 것이다. 박정희 정부의 경제 개발 정책에서 자립경제 혹은 조국 근대화는 경제 성장과 동의어로 이해된 반면, 박현채가 머릿속에 그린 민족경제는 중소기업으로부터 대기업, 경

* 　박현채, 《한국경제구조론》, 일월서각, 1986, p.92.

공업으로부터 중공업, 부품 소재 산업으로부터 완제품 산업에 이르기까지 일종의 피라미드적 연관을 이루는 자율적 재생산 구조였던 것이다.

민족적 생활 양식

민족적 생활 양식은 얼핏 복고적이고 폐쇄적인 민족주의의 인상을 준다. 박현채 세대가 지니고 있던 외래문화, 특히 미국 문화에 대한 반감 등을 고려하면, 실제로 그러한 요소가 전혀 없었다고 보기는 어려울 것이다. 다음의 인용문을 보자.

> 결론적으로 민족적 생활 양식이란 민족적 삶이 영위되고 있는 지역의 풍토, 기후 그리고 자원의 부존 상태에 의해 기초지어지면서 그것 위에 이루어지는 인종 공동체 안에서의 누대에 걸친 인간관계에 의해 만들어진 것의 계승으로 되고 오늘의 상황에 의해 규정되는 것으로서의 생활이다. 이와 같은 의미에서의 민족적 생활 양식은 역사 발전의 부차적 동인 그 자체로 된다.*

---

* 고 박현채 10주기 추모집·전집 발간위원회 엮음, 《박현채전집》 제1권, 해밀, 2006, p.578.

이 인용문을 지금의 관점에서 읽어보면, 가장 먼저 눈에 거슬리는 단어가 '인종 공동체'이다. 역사 발전의 기초를 동일한 인종의 삶에서 찾는다는 혈연적 민족주의의 개념이 도사리고 있기 때문이다. 마지막 문장의 "역사 발전의 부차적 동인"이라는 구절은 아마도 주된 동인은 계급 대립 혹은 계급 투쟁이라는 마르크스주의적 역사 파악을 염두에 둔 표현일 것이다. 어쨌든 '부차적'이라는 단서가 있지만, 민족이라는 감성적인 것에서 출발하여 역사 발전이라는 이성적인 것을 이끌어내고 있다. 사실 이 민족적 생활 양식이라는 요소는 1989년에 출간한 《민족경제론의 기초 이론》에서 말하자면 대학 교재 형식으로 일반화된 체계를 지향하면서 부각된 것이었다. 당시 급진화한 사회과학계 안에서도 집중적인 비판을 받았던 부분이기도 하다.

그러나 다른 한편으로 박현채는 1978년의 《민족경제론》에서 "사회유기체론은 근대적 소산인 민족을 선험적으로 독자적 의의를 갖는 구성체로 설정하는 데서 정당한 것은 아님"*을 분명히 주장하기도 했다. 민족이란 어디까지나 근대에 와서 만들어진 것이라는 생각이 드러나 있으므로, 핏줄에

---

*   박현채, 《민족경제론》, 한길사, 1978, p.167.

기초한 민족을 절대시하는 태도와 달리 현실의 구체적 모순이 드러나는 프리즘으로서의 역할로 보고 있을 뿐이라는 반론도 가능하다.

박현채에게 민족적 생활 양식이란 "민중의 일상적 비일상적 체험이나 원망(원하고 바라는 것-인용자)의 집적"*이 "민족의식→계급의식→민중의식"으로 발전하면서 민중이 능동적 주체로 등장하는 과정의 기초에 있는 것이었다. 도식적으로 이해하자면, 자본주의가 고전적인 형태로 발전한 나라들에서와는 달리, 한국의 민중은 일상생활 등에서 체험하는 정서적 변화가 쌓이면서 먼저 민족의식이 싹트고 그것이 계급의식을 거쳐 민중적인 인식으로 나아간다. 이때 민중의 일상적·비일상적 체험이 "계급적인 것의 민족적 프리즘을 통한 발현"**으로 나타난다는 것이다. 결국 최초의 민중은 다양한 형태로 현실의 모순에 부딪히는 수동적 존재에 지나지 않지만, 마지막의 민중은 민족의식을 통해 계급의식을 몸에 지닌 능동적 민중이 되는 것이다.

---

* 박현채,《민족경제론》, 한길사, 1978, p.10.

** 고 박현채 10주기 추모집·전집 발간위원회 엮음,《박현채전집》제1권, 해밀, 2006, p.47.

박현채 문제: 국가독점자본주의와 민족경제

한 사상가의 인생 전반부의 입장과 후반부의 입장 사이에 이론적 괴리나 단절이 존재하는가 하는 문제, 마치 제2장에서 살펴본 애덤 스미스 문제 같은 것이 박현채에게도 존재한다. 1985년《창작과비평》에 발표한 〈현대 한국 사회의 성격과 발전 단계에 관한 연구(I)〉라는 논문에서 박현채는 당시 한국 경제가 국가독점자본주의 단계에 이르렀다는 주장을 한다. 잡지 기획상 논쟁 형식으로 쓰인 것이라 그랬을 수도 있지만, 이 글에서 박현채는 당시 진보적 사회과학계의 한 흐름이었던 종속 이론적 경향을 강하게 비판하여 파문을 일으켰다.

1980년대 초중반은 외채 위기에 대한 문제의식이 심각하던 시기였고, 비슷한 상황에서 파국을 맞았던 라틴아메리카의 종속 이론, 요컨대 위기는 미국 등의 중심부에 종속된 경제 상황 때문에 발생한 것이라는 문제의식이 대학가나 재야 운동권 사이에 확산되고 있었다. 외채 위기의 근원을 찾아 거슬러 올라가면 바로 박현채의 민족경제론이 지적했던 민족경제와 국민경제의 괴리라는 문제가 놓여 있었다. 요컨대 박현채가 종속 이론을 지지하는 것은 논리적으로 별문제가 없어 보였지만, 그럼에도 그는 종속 이론을 비판하고 선진 자본주의 국가를 분석하던 개념인 국가독점자본주의를 들고 나온 것이다. 따라서 민족경제의 자립을 강조하는 민족경제론적 문제의식이 역사 발전의 보편성을 강조하는 국가독점자본주의론과 아무런 논리적 모순 없이 결합될 수 있는가라는 지적은 이 글이 발표되었을 때부터 제기되었다. 더욱이 그 이전의 저작에는 국가독점자본주의라는 개념이 거의 등장하지 않았기 때문에 이러한 비판은 증폭되었다. 그러나 1980년대 초반까지의 정치사상적 억압을 생각할 때 박현채 초기의 글들이 자구 그대로만 해석되어야 하는 것인지에는 의문의 여지가 있다. 특히 그가 끊임없이 이론과 실천을 결합시키려고 노력한 인물이었다는 점에서 텍스트 분석만으로 전기와 후기의 단절을 말하는 것은 피상적인 파악일 가능성이 있다. 박현채 자신도 1987년의 인터뷰에서 자신이 1970년대에 쓴 글에서 언급한 '국가자본주의'는 '국가독점자본주의'를 가리키는 것이었다고 주장한다.[*]

사실 국가독점자본주의론은 마르크스·레닌주의에서 국

---

[*] 정민, 〈대담: 민족경제론-민족민주운동의 기초를 해명한다〉, 《현단계》 1집, 한울, 1987, pp.392~393.

가의 적극적인 경제 개입이 일어난 시기를 특징짓기 위해 사용한 개념이다. 단순하게 요약하자면, 1930년대 세계 대공황으로 자본주의 체제의 위기가 심화하고 이를 해결하려는 케인스주의적 국가 개입 정책이 일반화한 시기를 가리키는 셈이다. 그런데 국가독점자본주의 이전의 단계는 독점자본주의 단계이고, 1980년대 한국 사회가 국가독점자본주의 단계라면 논리적으로 이미 독점자본주의 단계를 거쳤거나 적어도 일정 수준 이상의 자본주의 발전을 이루어냈다는 것을 전제로 한다.

뒤집어 말하면, 박현채는 이미 1985년 시점에서 한국 경제가 적어도 양적으로는 충분히 발전하고 있음을 주장한 것이다. 1980년대 말에서 1990년대 초의 이른바 3저 호황을 통해 외채 위기가 해결되자 그 이전에 좌파적 주장을 하던 경제학자들도 한국 자본주의의 발전, 좀 더 일반적인 표현으로는 한국 경제의 성장과 선진국 진입의 가능성을 인정하면서 기존의 입장을 버리기 시작했다. 그러나 보기에 따라서는 외채 위기 구조의 지연된 폭발인 듯도 한 1997~1998년의 IMF 위기를 겪으며 민족경제론적 관점은 형태를 바꿔 부활하기도 한다. 사실 박현채라는 개인의 일관성 문제 혹은 좌파적 지향과 독립적으로 한국 경제를 분석함에 있어 민족이라는 요인을 이론적으로 어떻게 처리할 것인가라는 문제가 계속해서 존재했던 것이다.

민족적인 것이 민중적인 것이다: 경제민주주의

박현채 스스로도 인정했듯이 민족경제론은 그 자체로 완성된 체계를 추구하지 않았으며, 그러한 점에서 지속적인 생명력을 유지하기 위해서는 해결해야 할 문제도 많았다. 실제로 1990년대 이후 인문학 및 사회과학의 각 영역에서 민족주의적 시각에 대한 광범한 비판이 제기되는 흐름 속에 민족경제론은 우리 독자의 이론으로서 갖는 문화재적 성격은 인정받았으나 그 현실적 의미는 없는 것으로 치부되고 있다. 도대체 오늘날과 같이 외국 자본과 국내 자본의 구분조차 모호해진 지구화 시대에 자급자족형의 재생산 기반을 강조하는 민족경제론적 관점이 이론적·실천적으로 유지될 수 있을까 하는 의문이 제기되는 것도 당연하기 때문이다.

그렇지만 맬서스를 읽을 때 그랬듯이, 좌우파를 막론하고 민족이나 자립경제가 공통된 인식 기반이었던 1960~1970년대의 시대적 허물을 벗겨내면, 박현채 민족경제론의 합리적 핵심을 찾아낼 수 있다. 예를 들어 21세기 현

재 시점에서 한국 경제의 문제를 파악하고자 한다면, 비정규직 노동자와 영세 자영업자 및 이주 노동자를 포괄한 경제적 약자가 불평등의 재생산 구조 속에서 정서적이고 직관적으로 느끼는 모순 개념을 포착할 수 있을 것이다. 열악한 환경에 놓인 외국인 노동자를 유기체적 민족 개념에 따라 '민족경제'의 구성원이 아니라고 보아야 할 것인가? 민족경제론의 문제의식에 충실하자면, 오히려 새롭게 정의되는 '민족경제'의 한 부분이어야 한다. 즉 민족적 생활 양식을 생활상의 모순이 인지되고 공동체적 요구가 제기되고 해결되어야 할 장소라는 개념으로 이해해야 할 것이다. 민족경제와 국민경제의 괴리라는 개념도 양적 경제 성장과 삶의 질적 차원 간의 괴리로 번안하여 해석할 수 있다. 1인당 국민소득이 3만 달러를 넘어 어엿한 선진국 대열에 들어가는 상황에서 압축적 고도성장의 문화적 유전자인 성장 집착에서 벗어나는 것이 가능한가? 당위로서의 민족경제 개념 또한 통일을 통해 유기적 산업 연관을 갖춘다는 문제의식에서 벗어나 삶의 질이나 공정성, 동북아시아 평화 등의 문제로까지 확장되어 재정의해야 할 것이다.

　마지막으로 지적할 것은 박현채가 이미 초창기의 글에서부터 민주주의의 문제를 강조했다는 사실이다. 물론 독재

정권에 대한 대항 담론이라는 점에서 그럴 수밖에 없었고 더구나 모종의 국가사회주의를 염두에 두고 있던 것이라면, 과연 민주주의의 의미는 무엇인가가 문제가 되기는 한다. 그러나 1969년에 쓴 〈계층 조화의 조건〉에 나타나는 다음과 같은 서술은 정치적 민주주의의 문제가 단순히 립 서비스는 아니었음을 분명하게 보여준다.

> 경제에 대한 국가 계획과 국영 기업을 수단으로 한 국가의 적극적 경제 개입은 민족자본과의 연합에 의해 국내의 매판적 제 세력에 대항하는 유효한 수단으로 될 것이며 전 국민의 희생과 창의를 동원하는 것으로 될 것이다. (…) 우리는 국가의 국가 자본에 의한 경제 개입과 계층 간 분배의 조절만이 아니라 국가의 중립성 보장과 사회적 생산에의 참여만큼 사회 계층 간의 합리적인 경제 잉여의 배분을 보장하기 위해 정치적 민주주의의 실현이 전제되어야 한다고 생각하는 것이다.*

민주주의 문제를 어떻게 이해할지는 민족경제론의 평가

---

* 　고 박현채 10주기 추모집·전집 발간위원회 엮음, 《박현채전집》 제6권, 해밀, 2006, pp.764~765.

라는 사상사적 관심을 넘어서는 중요한 문제이다.

박현채 자신의 이름으로 발표된 것은 아니지만, 1971년 대중경제론에 제시된 다양한 개혁 프로그램은 그가 머릿속에 그렸던 지향을 엿볼 수 있게 해준다. 노동과 자본의 공동 위원회 설치, 종업원 지주제를 비롯한 노동자의 경영 참가, 지금은 사회적 경제로 불리는 생산자 및 소비자 협동조합, 그리고 전국 단위의 생산자협의회 및 소비자협의회 운영, 독점적 민간 기업 일부를 국영 기업 등의 형태로 전환하여 규제하는 것, 부유세를 징수하여 사회보장기금을 만들자는 것 등이 그것이다. 실제로 이는 1920~1930년대 독일의 사회민주주의자들이 검토했던 경제민주주의의 내용들이 대부분 포함되어 있었다. 당시 그들에 대해 정통 마르크스주의자들은 개량주의라 비판했고 우파의 입장에서는 사회주의 이행을 전제로 한 눈가림이라 비판한 것을 감안한다면, 박현채가 대중경제론에 관여한 것이 어떤 미묘한 정치적 입장을 의미하는 것인지 짐작할 수 있다.

1950년대에는 파르티잔이었고 1960년대에는 군사 정권 자문 조직의 일원이다가 과장된 것이기는 하지만 '인민 혁명'을 추구한 사건의 핵심 관계자였고 다시 1971년에는 야당 후보의 집권을 위한 경제 개혁 프로그램을 설계한 인물, 그리고

1980년대 중반에는 격렬했던 사회구성체 논쟁의 단초를 제공했지만 그 이상 직접적으로는 논쟁에 관여하지 않았던 인물, 그렇게 박현채는 소년 전사로서의 원체험과 엘리트 경제학자로서의 모순된 정체성을 살았다.

결국 박현채 연구 패러다임의 중핵은 민족 모순과 계급 모순 그리고 정치적 민주주의를 별개의 문제로서가 아니라 서로 맞물려 있는 통합된 문제로 인식하려는 데 있었다고 볼 때, 비로소 민족경제론의 현대적 의미 부여도 가능해질 것이다. 국가독점자본주의론이나 혈연적 민족 개념에 기반한 민족적 생활 양식 개념은 말하자면 변화한 현실에 맞게 유연하게 조정되어야 할 보호대로 간주되어야 한다. 물론 박현채가 이러한 해석을 지지했을지는 알 수 없다. 개인적으로 치열한 삶뿐만 아니라 시대적으로도 한국전쟁 이후 줄곧 하나의 중요한 대항 담론으로 위치를 지켜왔던 민족경제론이 어떤 의미에서 계승되어야 할 것인지를 판단하는 것은 우리들의 몫이다. 박현채 자신의 말처럼 "제 민족과 가난한 자에 대한 충만한 사랑으로 연구하고 살아"가는 연구 자세만이 남을 것인지 아닌지까지도.

에필로그

어느 중견 연극배우의 일화를 들은 적이 있다. 그가 처음 맡았던 배역이 하필이면 코뿔소 역할이었다고 한다. 배우는 코뿔소의 움직임을 관찰하기 위해 동물원으로 갔다. 뜻밖에도 정적인 동물이었던 코뿔소는 인상적인 행동을 보여주지 않았다. 개장 시간부터 폐장 시간까지 김밥을 먹어가며 지켜보길 이틀, 그제야 배우는 나름대로 연기할 수 있는 배움을 얻었다고 했다. 이야기를 들으며 내가 그 배우였다면 어떻게 했을까 생각해본다. 아마 그 연극이 다름 아닌 제9장에서 인용한 에우제네 이오네스코의 〈코뿔소〉였다면, 이미 수많은 극단에서 공연을 했거나 하고 있을 것이고, 그 모습을 관찰하면서 코뿔소 역할을 준비했을 것 같다.

경제학의 역사를 공부하는 것은 마치 코뿔소 역할을 하

9명의 경제학자들

는 배우들의 연기를 관찰하는 것과도 같다. 만약 코뿔소의 모습을 그대로 재현하는 것이 목적이라면 연극이 아니라 동물원, 더 정확하게는 야생의 코뿔소를 보러 길을 떠나야 한다. 제아무리 훌륭한 배우가 연기했다 하더라도 그 모습은 진짜 코뿔소의 그것과는 다르기 때문이다. 코뿔소를 면밀하게 관찰하고 흉내 낼 것인가? 코뿔소 연기를 하는 배우를 흉내 낼 것인가?

경제학은 사람들이 물질적 삶을 유지하면서 겪는 여러 가지 문제, 특히 사람들과 부딪치며 겪는 문제를 연구한다. 경제학이 사회과학인 까닭이다. 사회과학으로서의 경제학은 비유하자면 코뿔소 그 자체의 움직임을 연구할 것을 요구한다. 그러나 야생에서 코뿔소를 직접 관찰하는 것이 어렵기 때문에, 경제학자들은 나름대로 포착한 코뿔소의 특성을 나름의 방식으로 연기한다. 만약 경제학의 역사를 공부하는 것이 코뿔소를 연기한 유명 배우들의 목록을 작성하고 그들의 연기를 관찰하여 해설하는 작업이라면, 그들이 연기한 장점만을 모아 체화할 수 있는 새로운 배우를 데려오는 것으로 작업에 종지부를 찍을 수 있을 것이다. 그러나 그 배우들이 왜, 어떻게 코뿔소의 어떤 특성을 포착하고 연기하려 했는지를 알아내려면, 그들이 연극을 시작한 이유, 그들의 연기에 영향

을 미친 계기, 그들이 놓친 코뿔소의 특성 등을 살펴보아야 한다. 나아가 코뿔소의 행태나 특성조차도 그들이 관찰했던 시대와 우리가 살고 있는 시대 사이에 어떻게 변했는지 파악해야 한다.

　지금까지 살펴본 아홉 명의 경제학자는 삶의 조건이 서로 달랐으며, 서로 다른 삶의 모멘트를 경험했고, 그들이 살았던 시대의 성격, 따라서 그들이 바꾸고자 했던 현실과 변화의 방식도 서로 달랐다. 경제학자들의 학문 세계가 그들이 살았던 사회의 구조와 맞닿아 있는 지점과 방식을 탐구한다는 의미에서 경제학의 역사는 사회과학의 영역이 된다. 연대기별로 건조하게 서술된 삶의 기록 속에서 그들이 어떻게 경제학자로서의 삶의 목적을 설정하고 보람을 찾아갔는지, 그리고 좌절하면서도 끝까지 희망을 놓지 않았는지 이해하는 것은 인문학적 상상력의 몫이다. 이렇게 사회과학적 문제의식과 인문학적 상상력의 결합을 통해 경제학의 역사는 계속해서 재구성되고 다시 쓰일 것이다. 이 책은 그런 시도들 중에서 하찮은 조각 하나일 뿐이다.

EBS 클래스ⓔ 시리즈 30

9명의 경제학자들: 그들이 말한 것과 말하지 않은 것

1판 1쇄 발행 2022년 6월 30일

지은이 류동민

펴낸이 김유열 | **지식콘텐츠센터장** 이주희 | **지식출판부장** 박혜숙
지식출판부·기획 장효순, 최재진 | **마케팅** 최은영 | **인쇄** 여운성
북매니저 김희선, 윤정아, 이민애 | **렉처팀** 김현우, 서경민, 정명, 신미림, 조성애
책임편집·디자인 오하라 | **인쇄** 우진코니티

펴낸곳 한국교육방송공사(EBS)
출판신고 2001년 1월 8일 제2017- 000193호
주소 경기도 고양시 일산동구 한류월드로 281
대표전화 1588-1580 | **이메일** ebsbooks@ebs.co.kr
홈페이지 www.ebs.co.kr

ISBN 978-89-547-9983-6 04300
       978-89-547-5388-3 (세트)